ROMEON
VERLAG

GALERIE EINER NEUEN GALAXIS
1. Auflage, erschienen 09-2023

Umschlaggestaltung: Alexander Braccu/Romeon Verlag
Text: Alexander Braccu
Illustrationen: Alexander Braccu
Layout: Romeon Verlag

www.romeon-verlag.de

Bibliografische Information der Deutschen Nationalbibliothek:
Die Deutsche Nationalbibliothek verzeichnet diese Publikation in der Deutschen Nationalbibliografie; detaillierte bibliografische Daten sind im Internet über *https://portal.dnb.de* abrufbar.

R1492 - rv102

ALEXANDER BRACCU

GALERIE EINER NEUEN GALAXIS

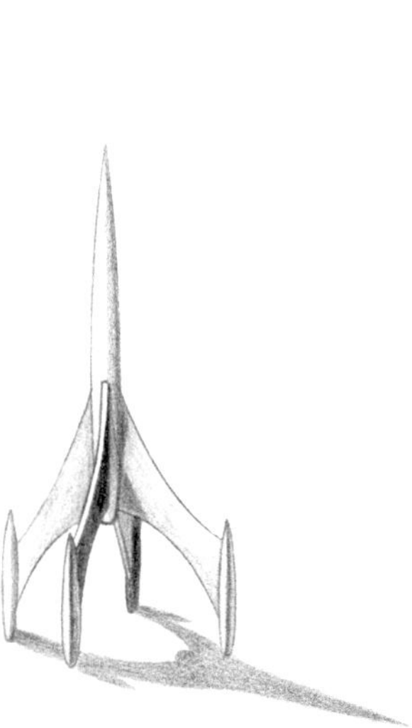

NAVIGATION

ÜBER DEN ILLUSTRATOR

Geboren wurde Alexander Braccu am 26.07.1969 in Braunschweig (Niedersachsen).

Der schicksalhafte Erstkontakt mit der Raumfahrt ergab sich 1972, an einem Heiligabend, als unter dem Weihnachtsbaum auf Alexander das erste Raumschiffmodell wartete. Eine kleine futuristisch aussehende Mondrakete.
Von diesem Moment an wurde der Weg zu seinem Hobby vorbestimmt, und sein Interesse an Filme und TV-Serien aus dem Science Fiction-Genre geweckt. Nicht verwunderlich, das dann auch sehr bald der Einstieg in die Literatur mit der populären Perry Rhodan-Serie folgte.

Von 2001 bis 2003 betreute er in 9 Heftausgaben die Rubrik "Völkerdatenblatt" in einem PR-Club-Magazin.
Dafür zeichnete er einige der extraterrestrischen Spezies, die innerhalb der Romanserie in Erscheinung treten. Auch für andere SF-Fanmagazine entwarf er Grafiken für Coverbilder.

1996 und 2012 wurden in Braunschweig seine Werke in Bilderausstellungen präsentiert.

Bei seiner sehr technischen beruflichen Tätigkeit in der Fahrzeugentwicklung gibt es keinerlei Überschneidungen mit dem Konstruieren von überlichtschnellen Raumschiffen, hochentwickelten Robotern oder anderen fantastischen Objekten.
Jedoch jenseits der Arbeitswelt überwindet er zeichnerisch alle Grenzen der Realität.

Als Arbeitsmaterial verwendet Alexander flexible Techniken für die Erschaffung utopischer Welten. Darunter der Einsatz von Acrylfarben, Airbrush und auch sehr intensiv Zeichenkohle.

Einleitende Zeilen über die Vertrautheit des Unbekannten

Stellen wir uns vor, wir hätten Zugriff auf die gesamte Bibliothek unseres Planeten, und uns stünde die umfassende Enzyklopädie aus dem Fachbereich der Science Fiction zur Verfügung - was würde passieren? Zweifellos würden wir feststellen, dass die Substanz der Science Fiction viel mehr ist als nur ein theoretischer Ausblick in die Zukunft. Sie kann ebenso gut in der Gegenwart oder auch in der Vergangenheit angewendet werden. Sei es mit einem unterhaltsamen oder dokumentarischen Charakter.

Ich maße mir sogar an, in dieser Gattung sei es in literarischer oder künstlerischer Form ein noch komplexeres Format zu erkennen. Sie konfrontiert uns mit einer Flut von Informationen und einer unermesslichen Überzahl von Gedankenmodellen. Ebenso viele, wie es Menschen gibt.

Sie steht als Oberbegriff für alles, was sie beinhaltet. Technologie, Psychologie, Soziologie, Biologie, Naturwissenschaften, Anthropologie, Wirtschaft, Philosophie, Gesellschaftsformen ... und die Aufzählung ließe sich noch mit einer Reihe von weiteren Fachgebieten fortsetzen. Insgesamt betrachtet ergibt sich daraus dann ein Netz von gegenseitiger Kommunikation dieser Fachbereiche.
Eine Verzahnung all dieser Domänen untereinander. Je dichter das Netz der Möglichkeiten oder Unmöglichkeiten gesponnen wird, umso mehr nähern wir uns vielleicht den konkreten Antworten, die uns die Struktur des Universums - oder auch die anderer noch unbekannten Universen begreifen lassen. Tief verborgen, irgendwo dazwischen.

Oder welche Szenarien spielen sich unsichtbar direkt vor unseren Augen, hinter dem Horizont des Kosmos ab? Welche fantastischen Ereignisse auf der Bühne der Unendlichkeit, die unsere Vorstellungskraft nur annähernd begreifen lässt - oder gar weit überschreitet?

Doch an dieser Stelle möchte ich jetzt nicht noch tiefer darauf eingehen. Das überlasse ich Ihrer geschätzten Aufmerksamkeit des Ihnen nun vorliegenden Buches. Lassen Sie sich dabei Zeit, die Welten, die Sie gleich betreten werden, auf sich wirken zu lassen. Denn es ist die ....

.... „Galerie einer neuen Galaxis“

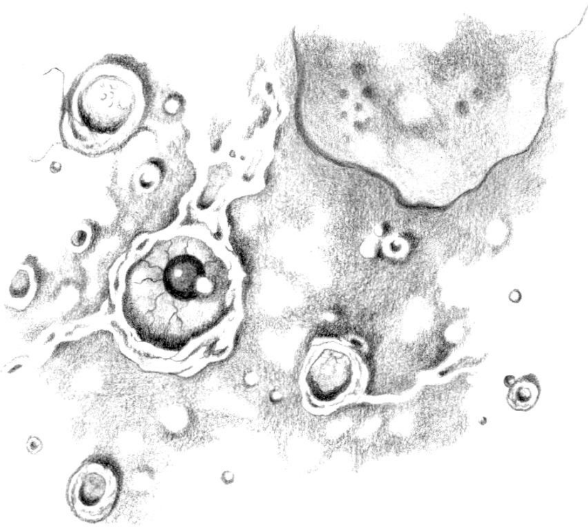

Braunschweig, im Juni 2023

Alexander Bracz

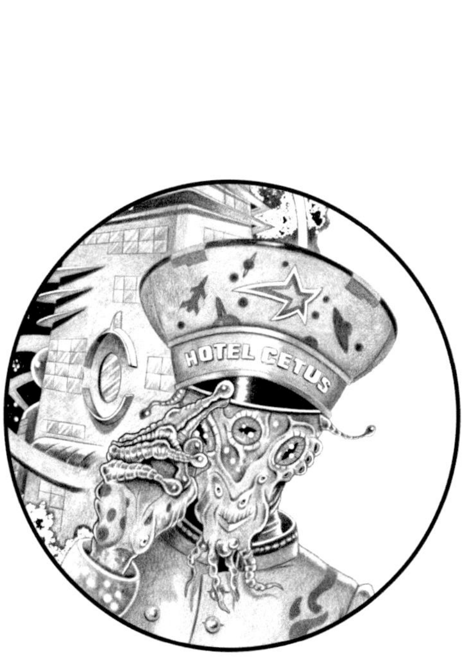
HOTEL CETUS

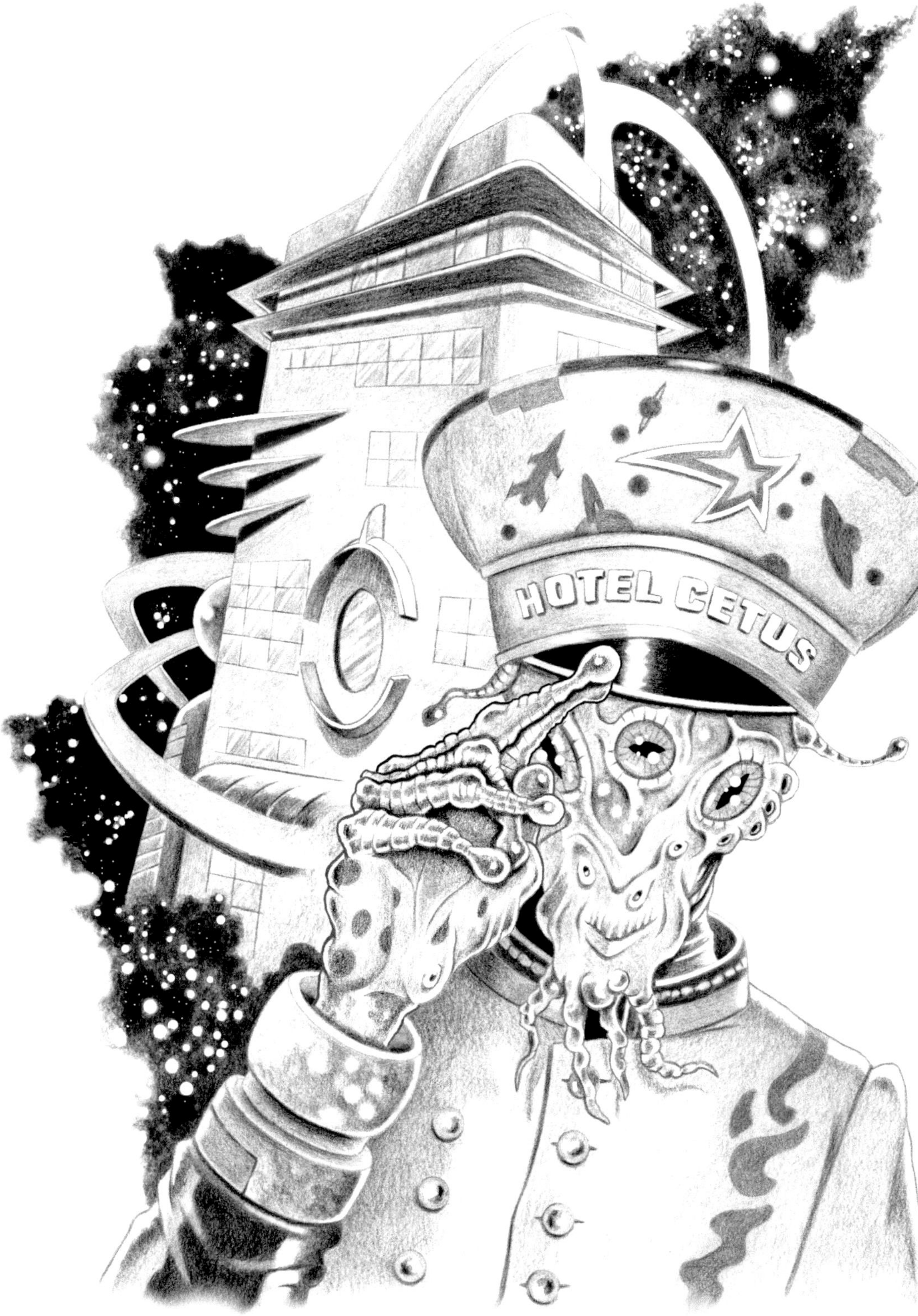

Willkommen im Gästehaus am Sternenmeer

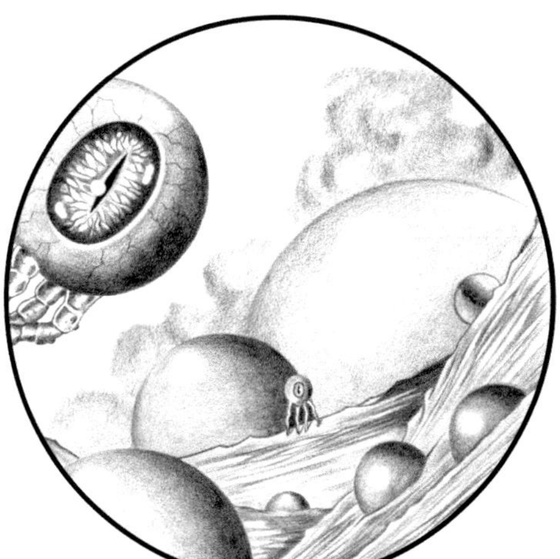

Sphaericum Mundum

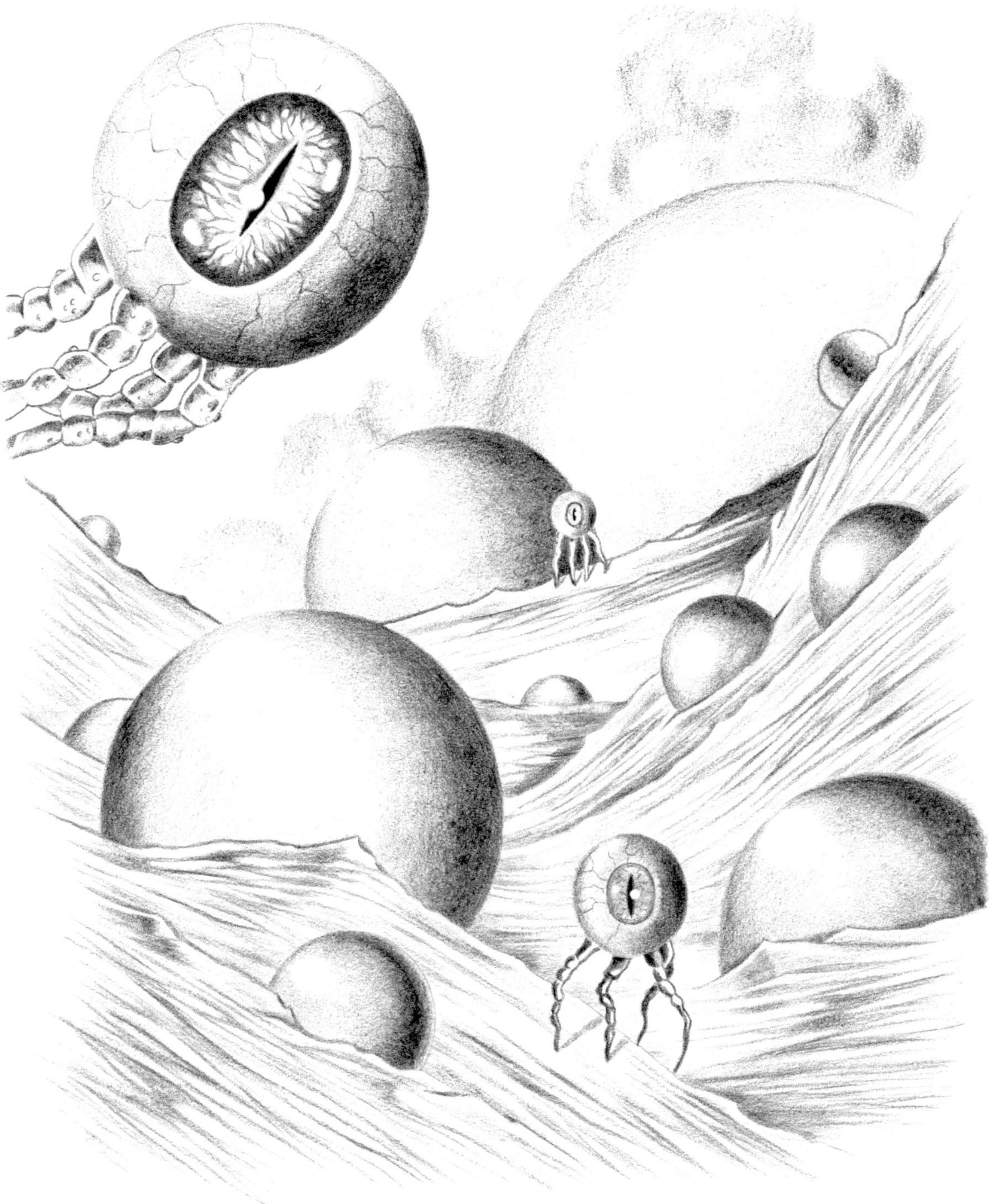

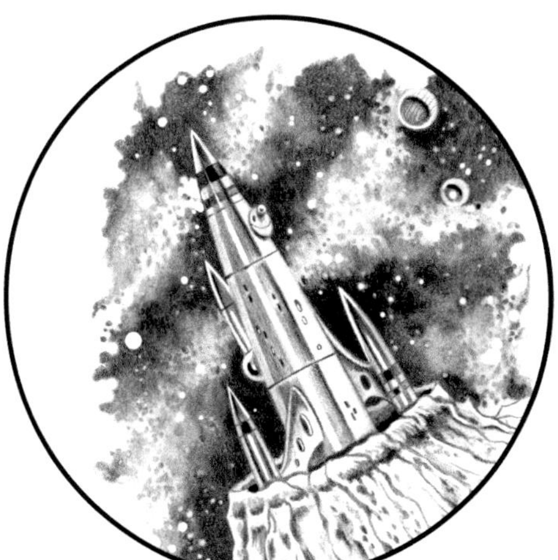

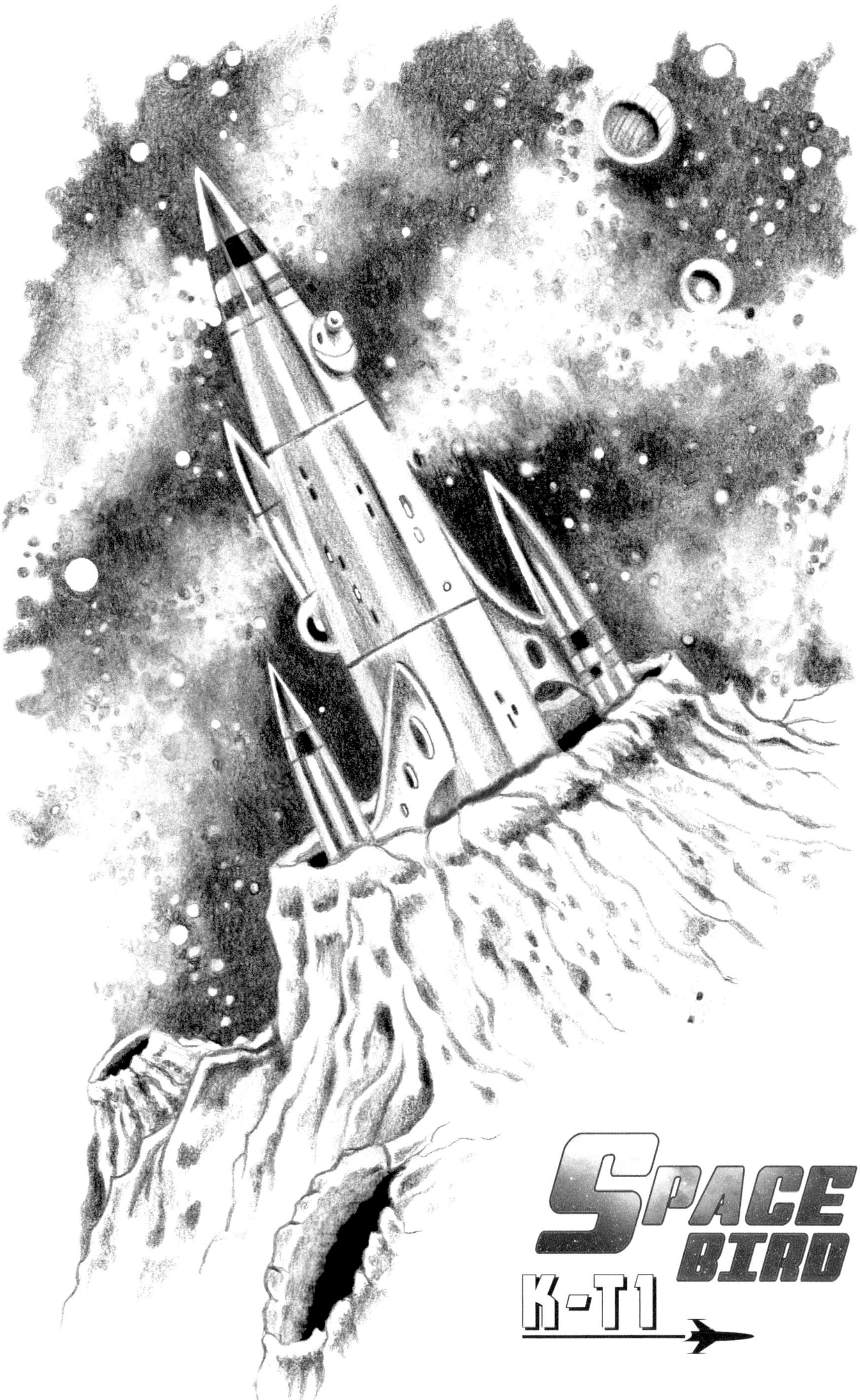

SPACE BIRD

K-T1

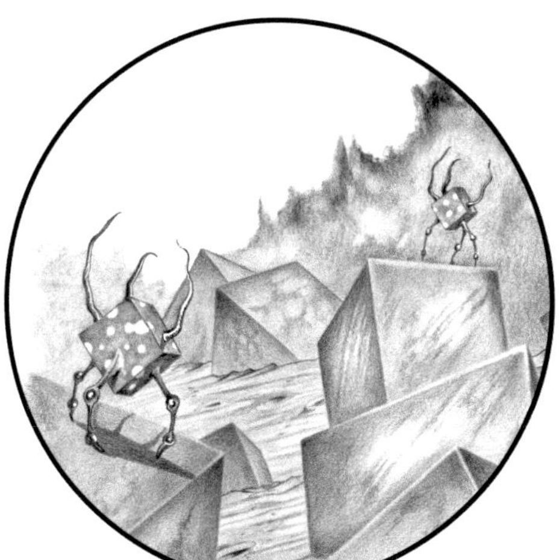

GEOMETRIE EINER ÜBERWELT

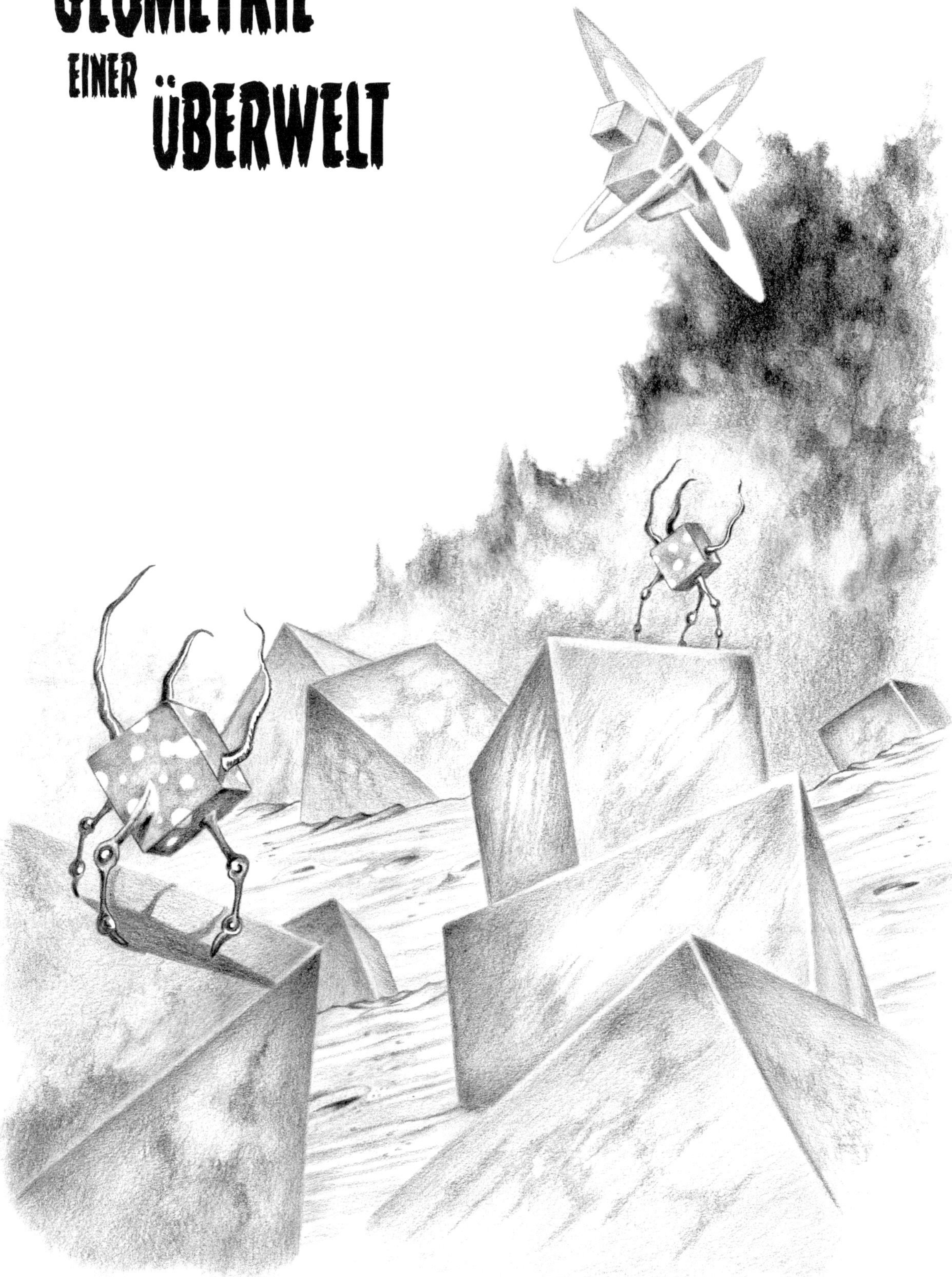

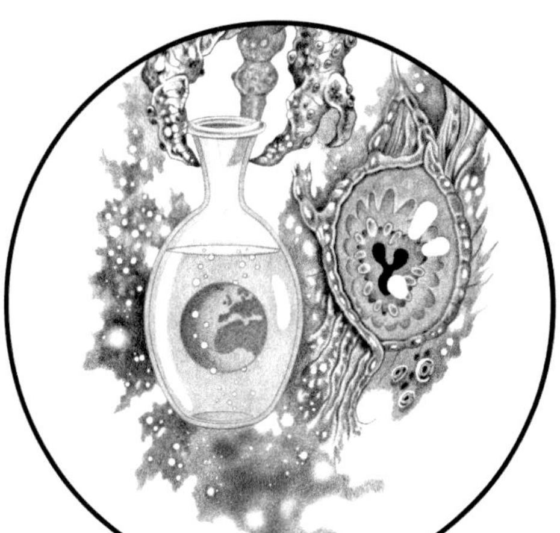

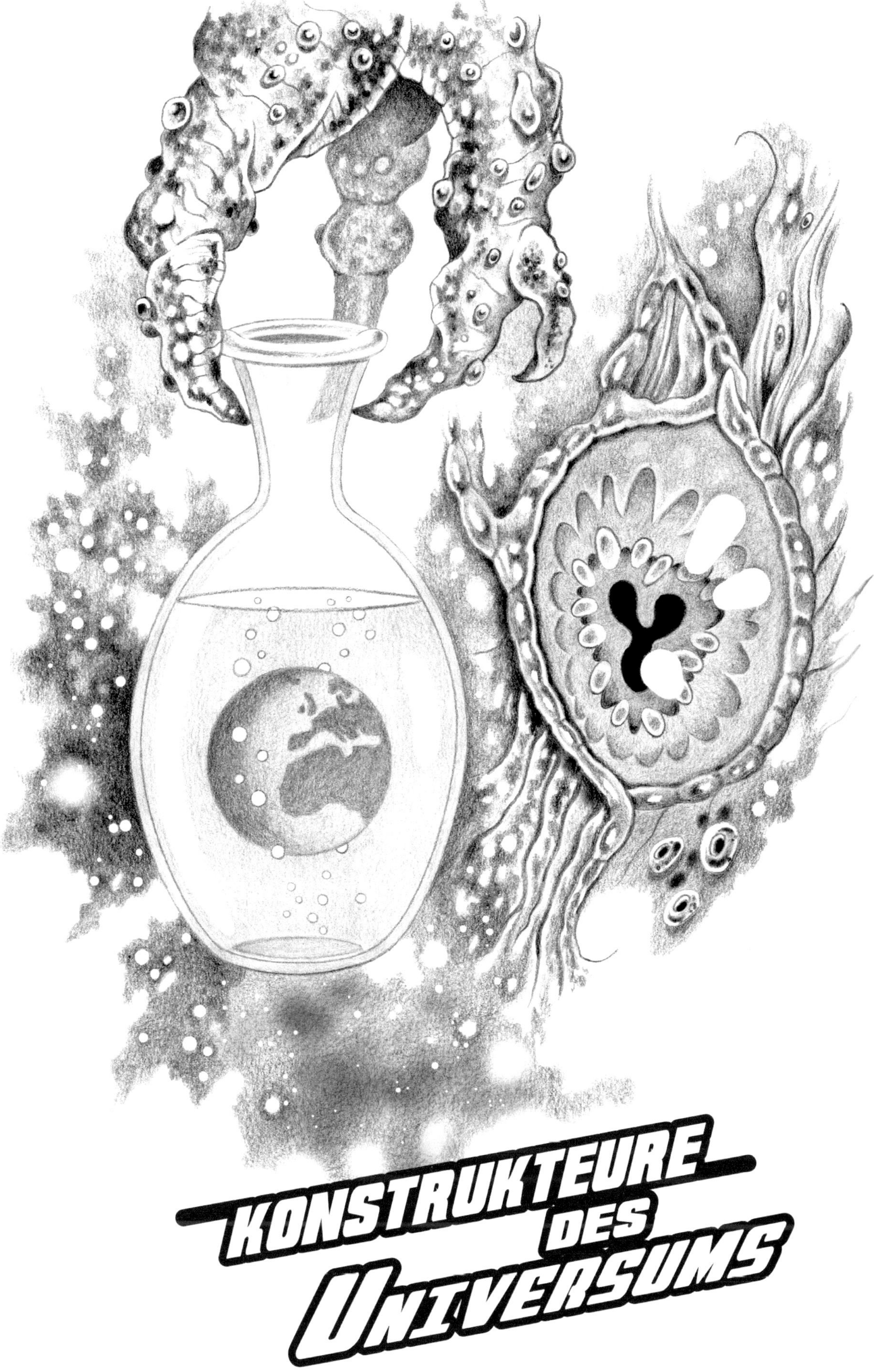

Konstrukteure des Universums

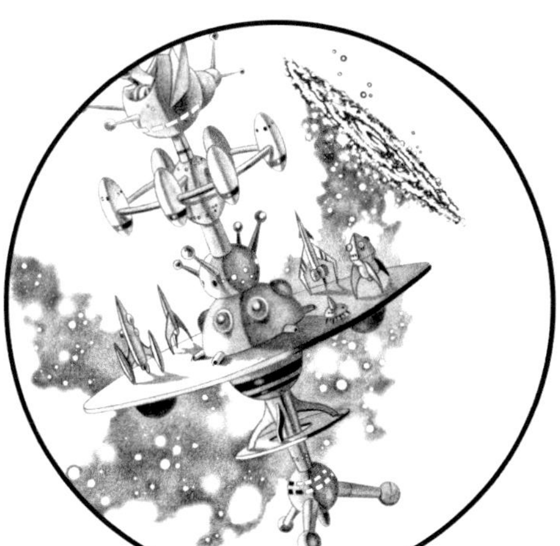

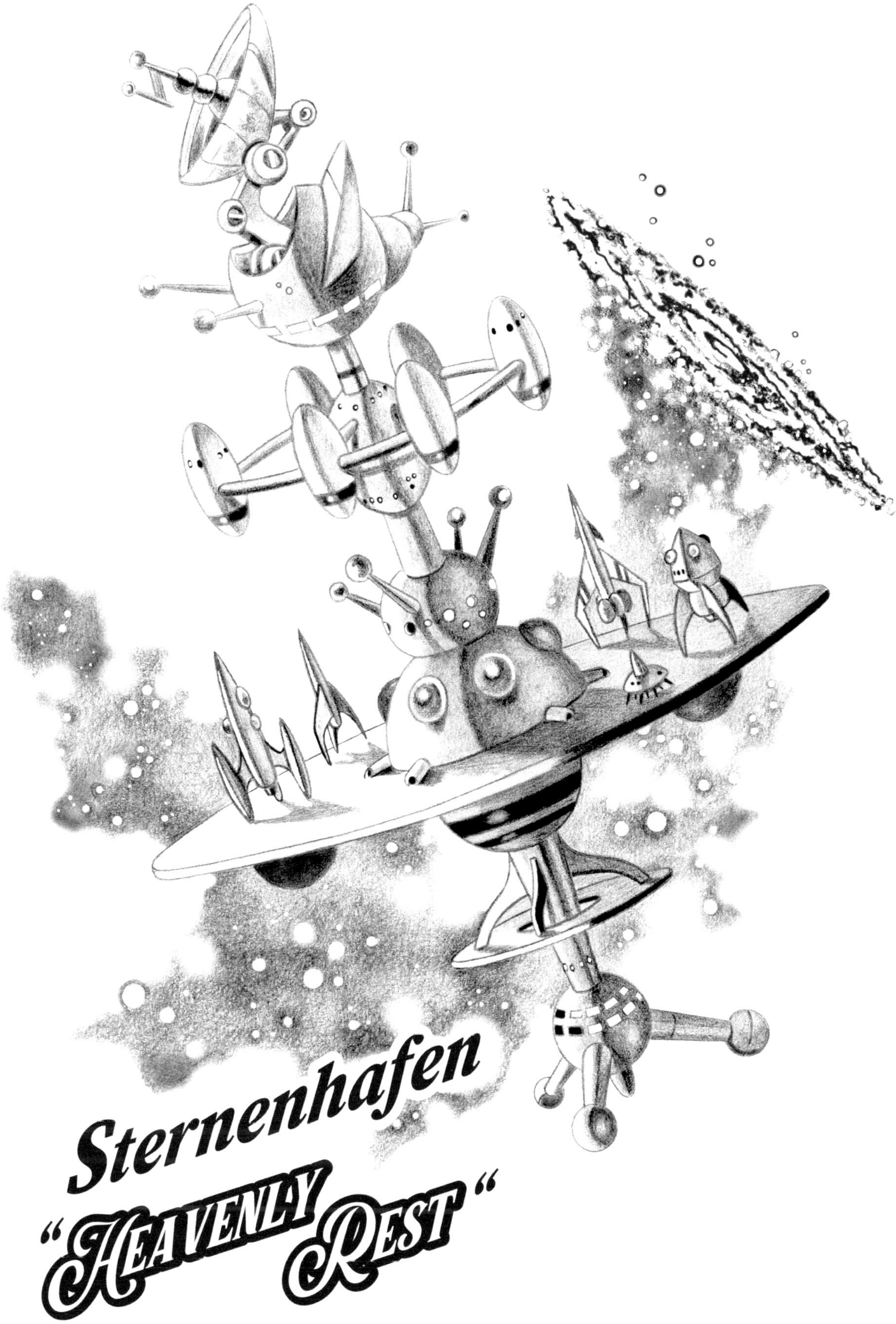

Sternenhafen „Heavenly Rest“

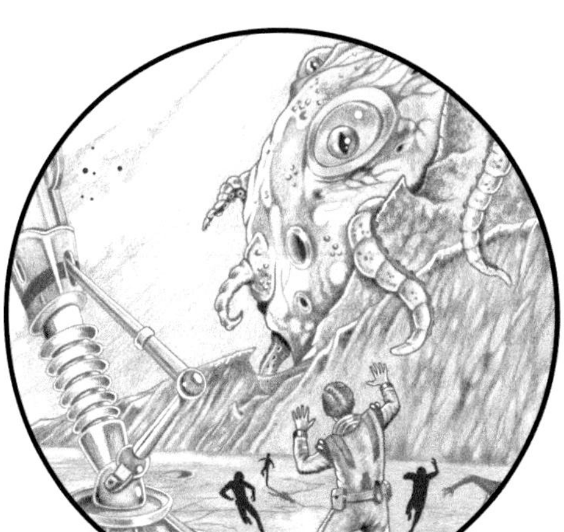

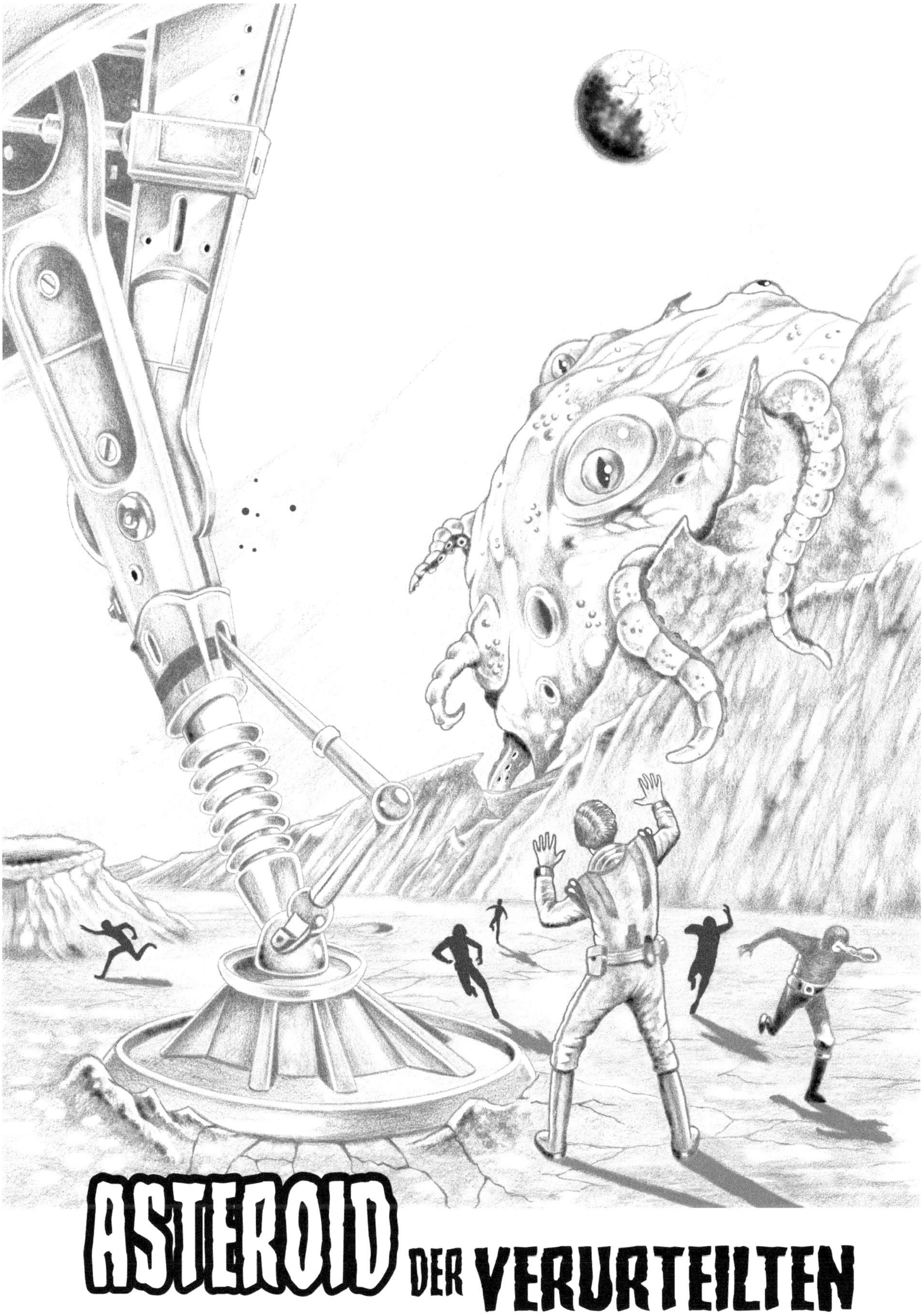

ASTEROID DER VERURTEILTEN

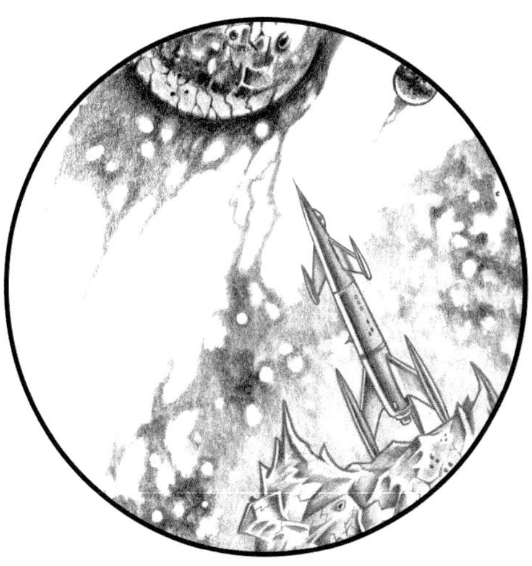

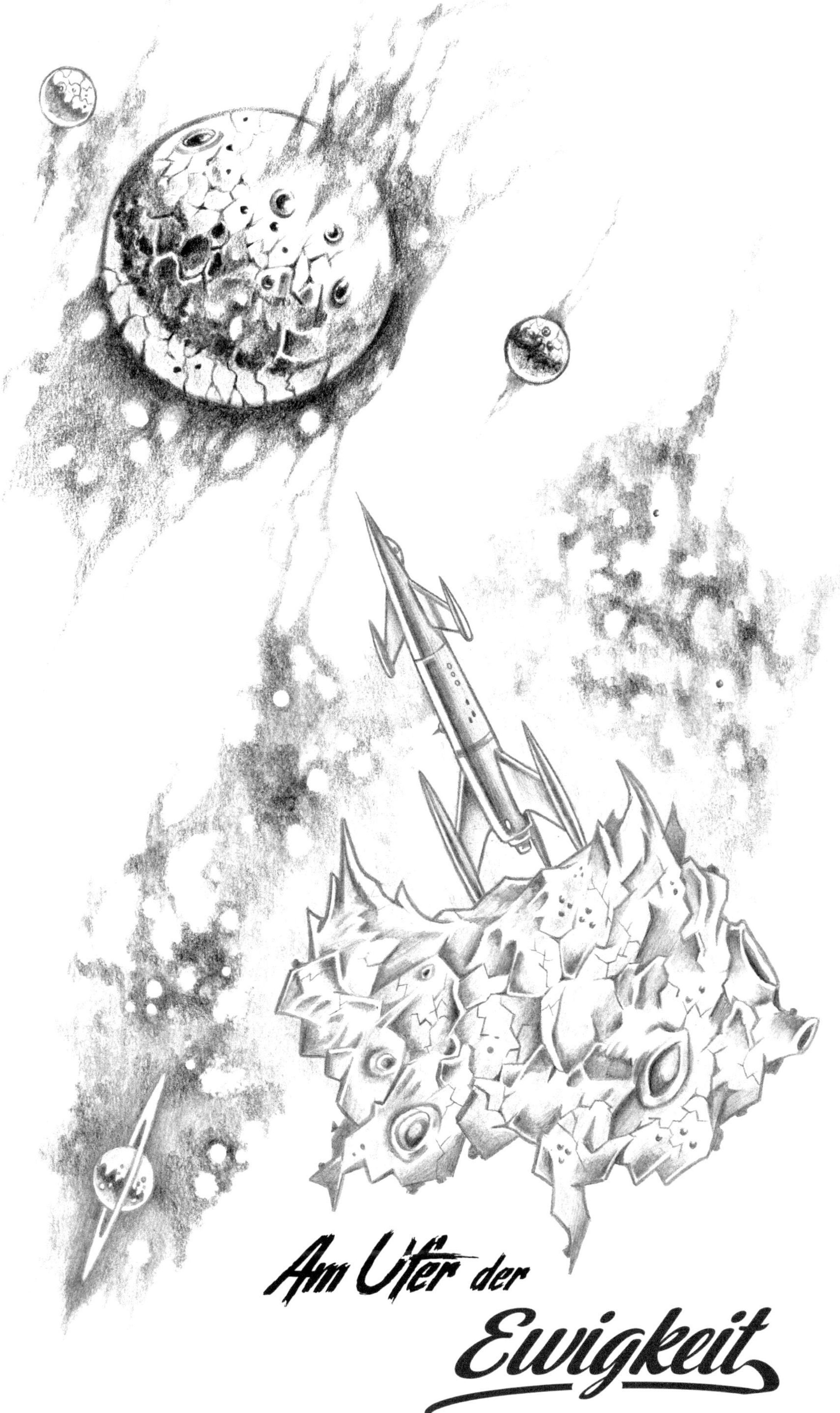

Am Ufer der Ewigkeit

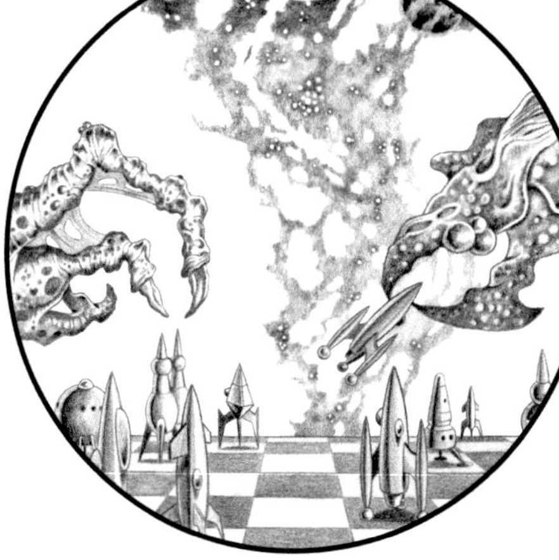

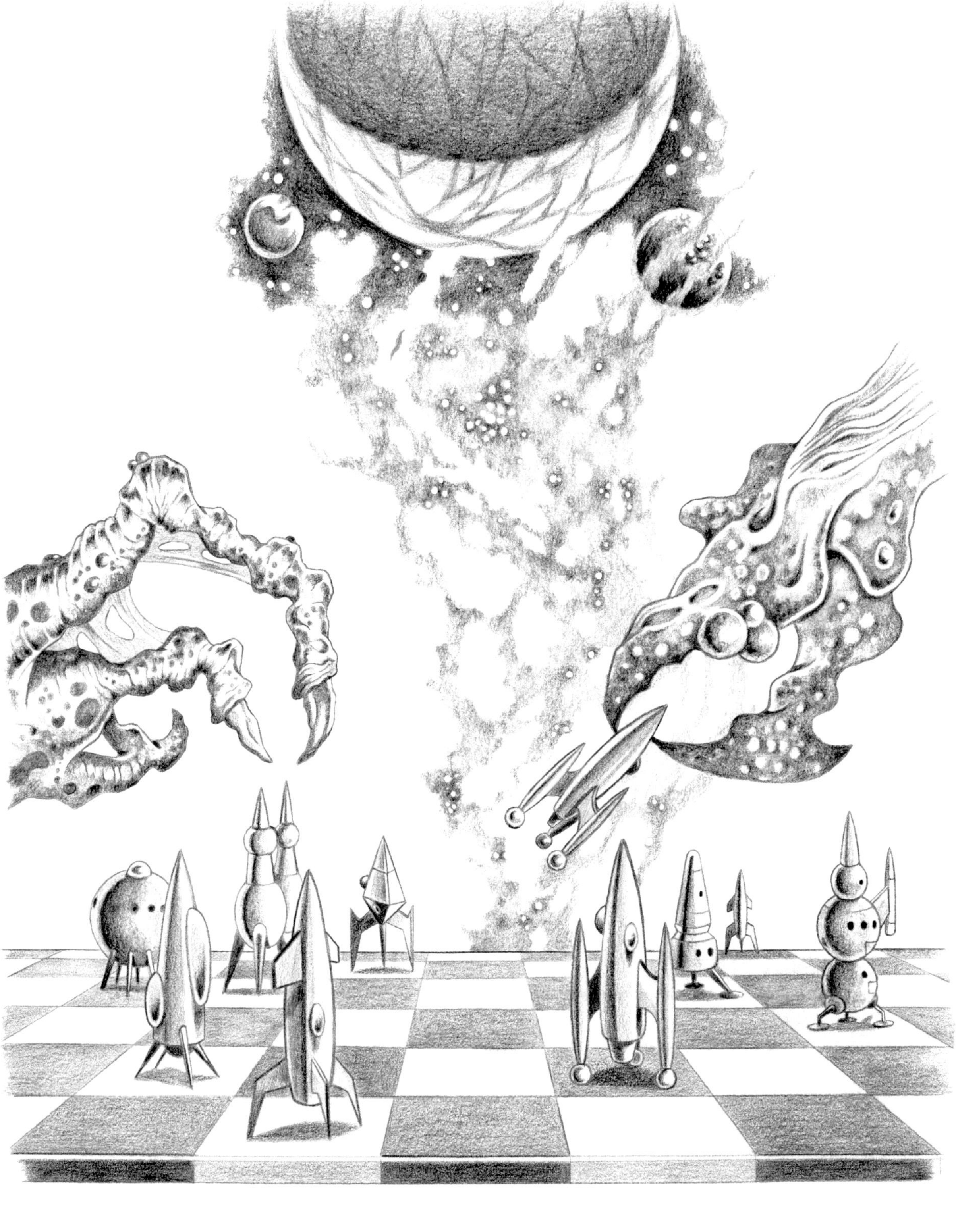

Galaxis im Zugzwang

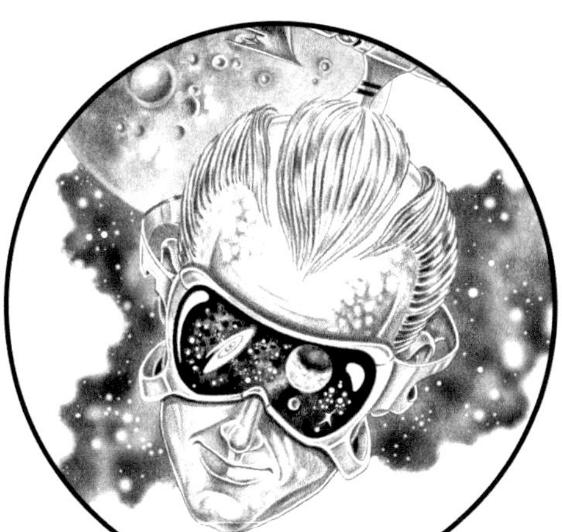

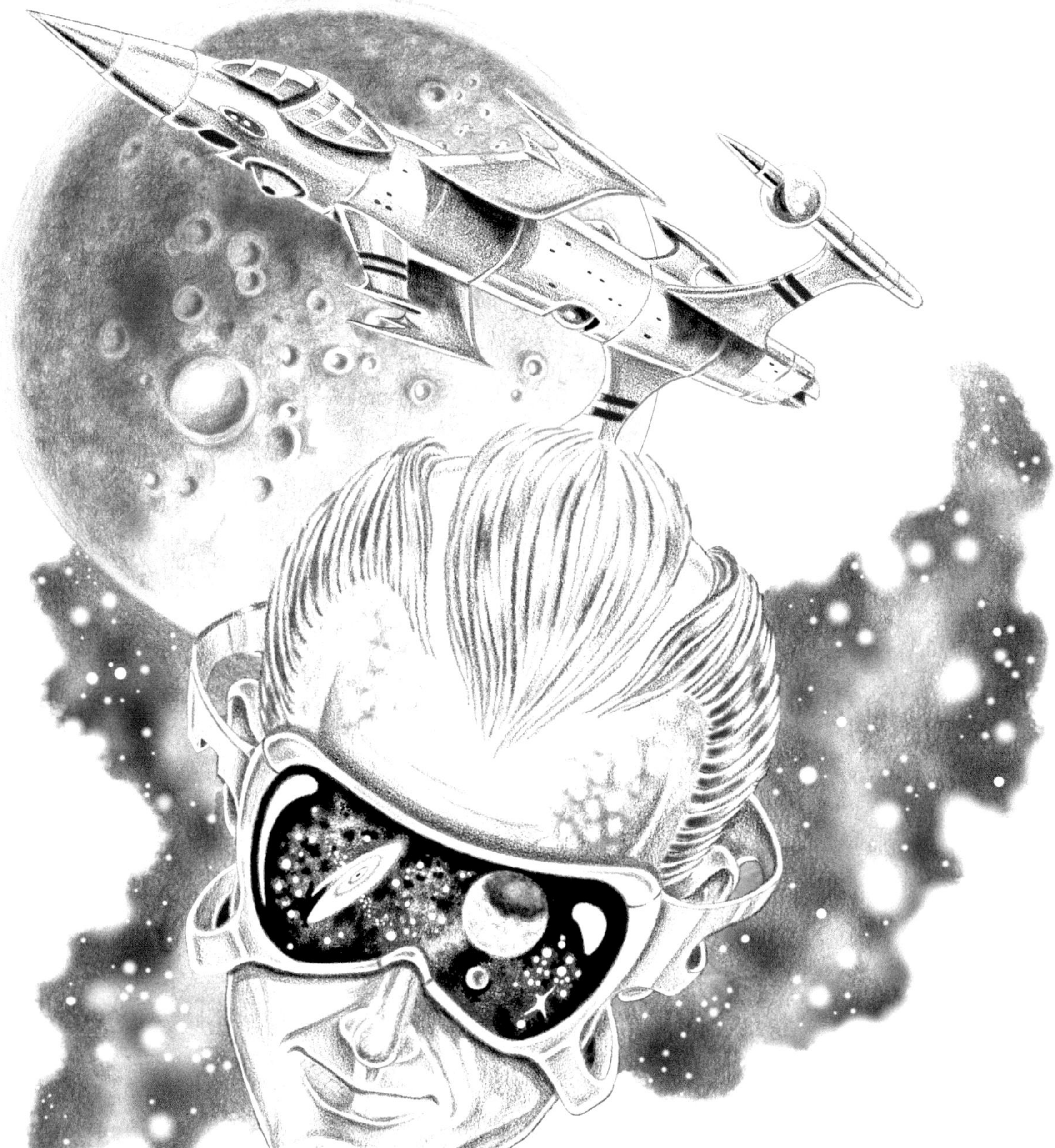

Reflexionen einer anderen Wirklichkeit

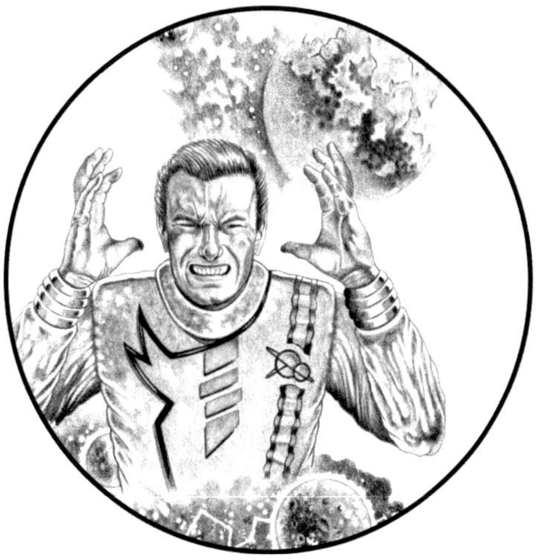

Die unerträgliche Einsamkeit des UNIVERSUMS

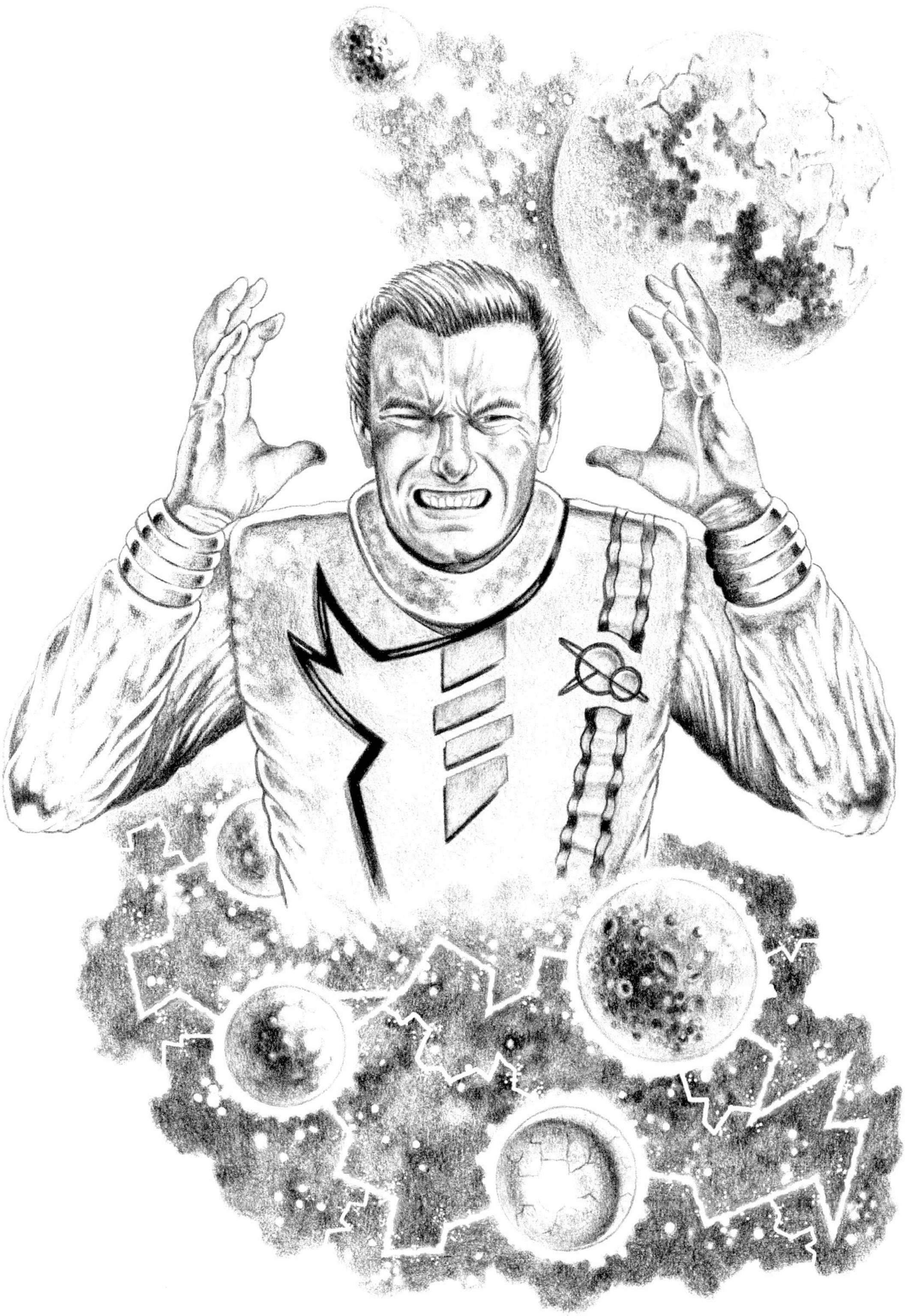

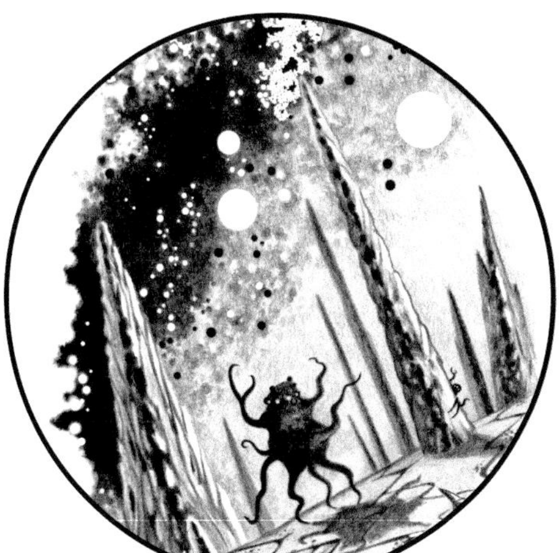

Jenseits von ALPHA INDI

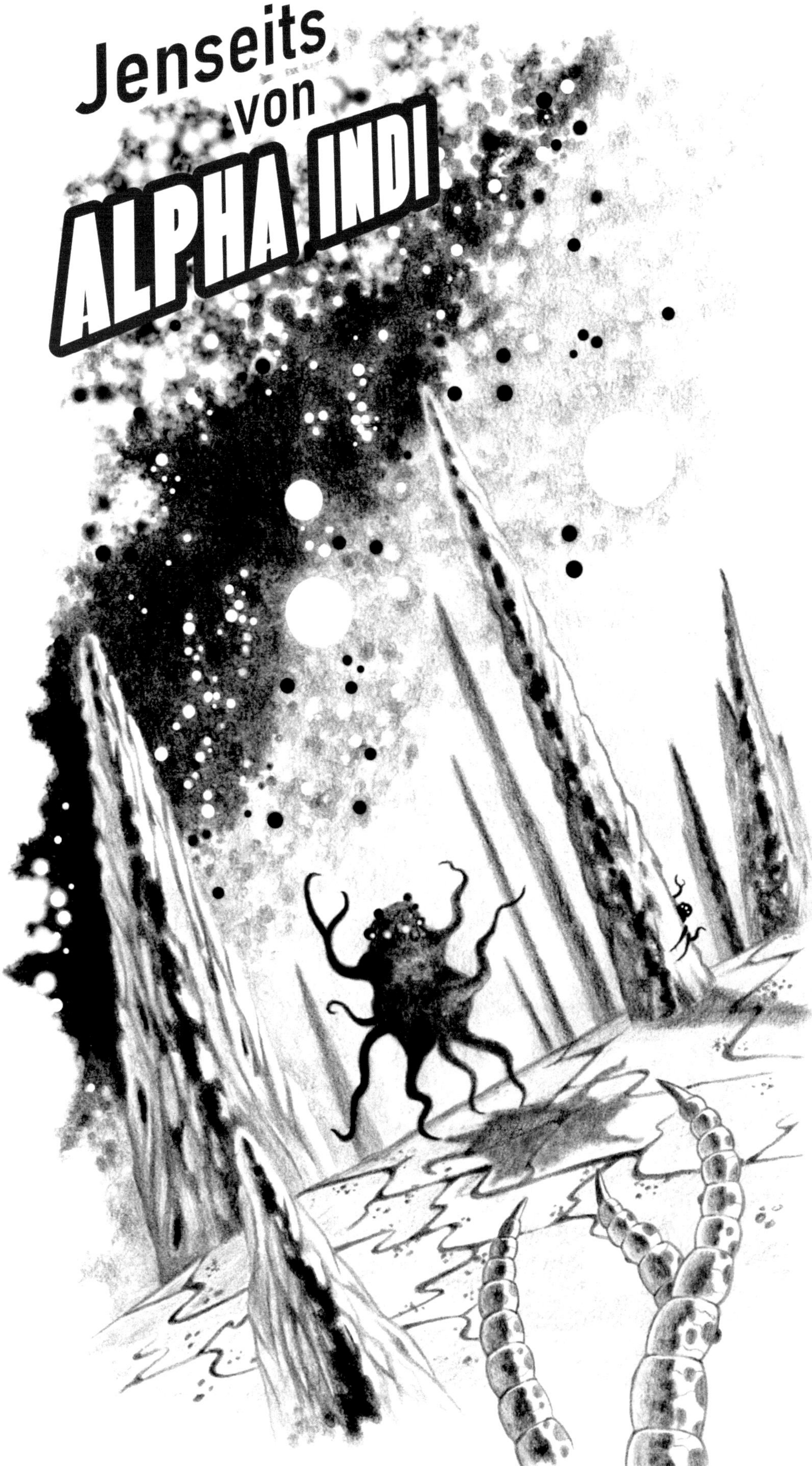

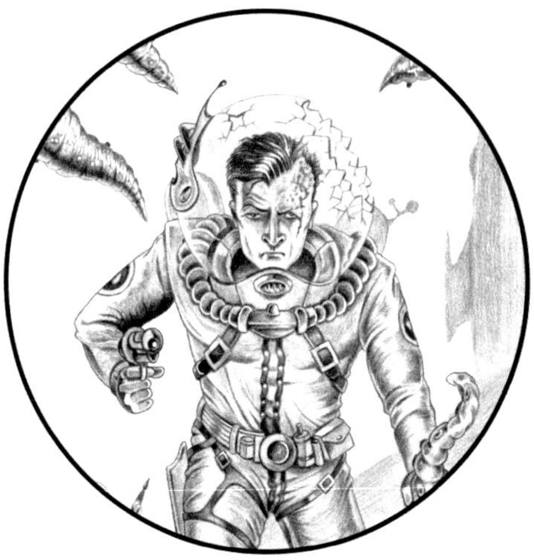

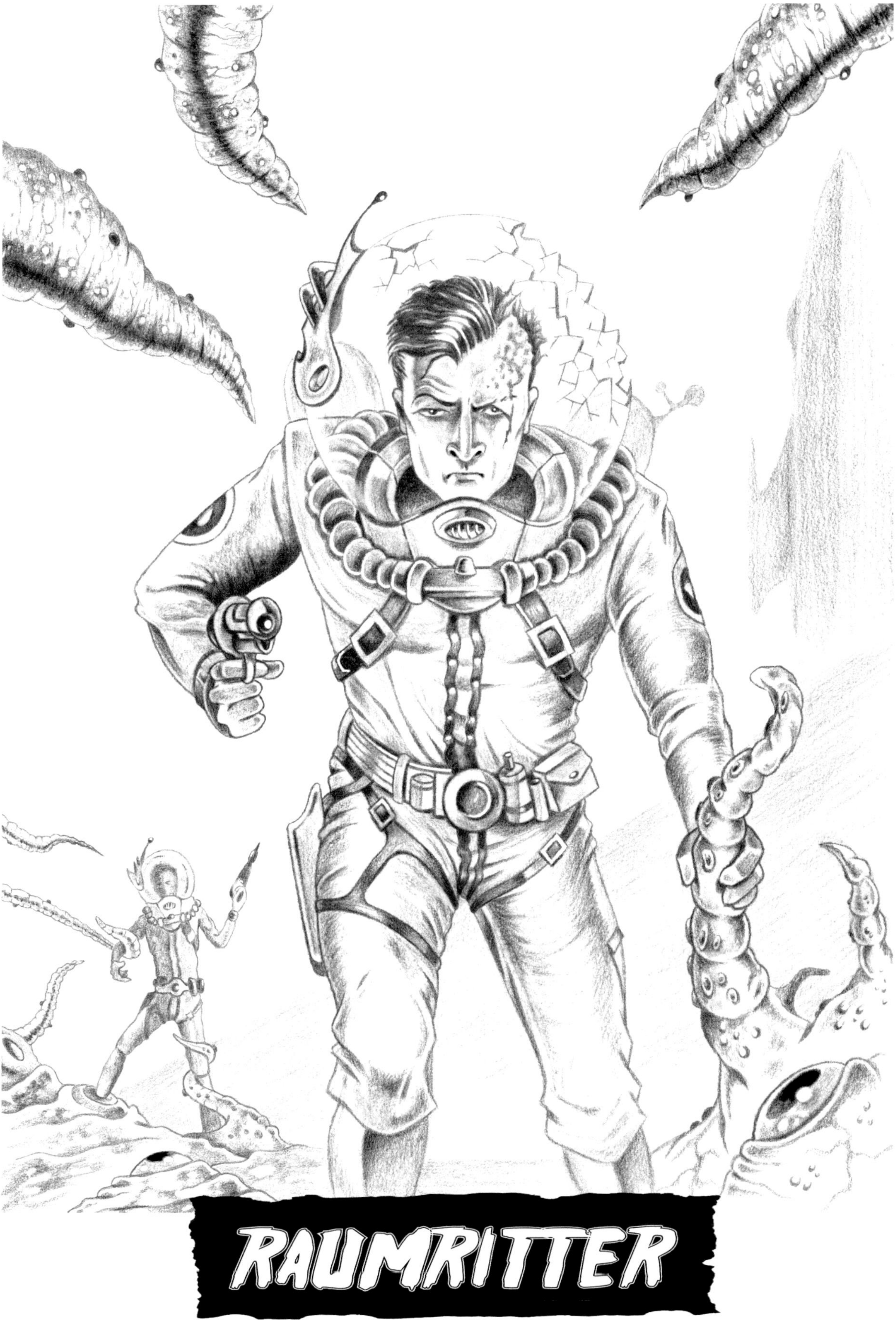

RAUMRITTER

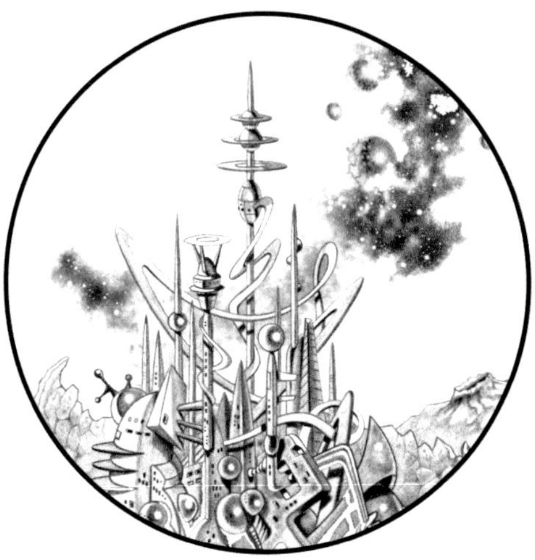

Stahlkoloss
GOLIATH KOPERNIKUS
KRATERSTADT AM RIFF DER DUNKELWOLKE

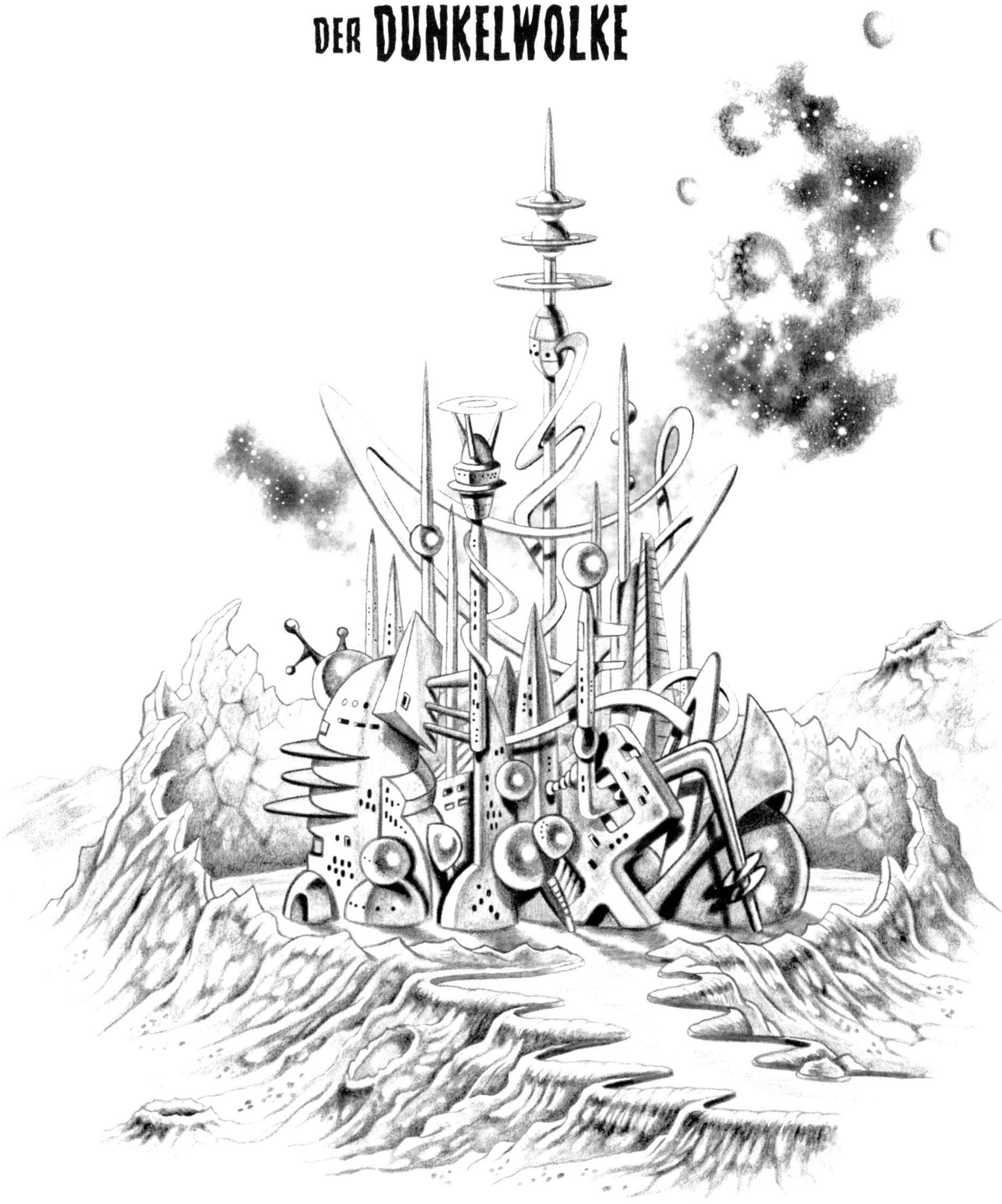

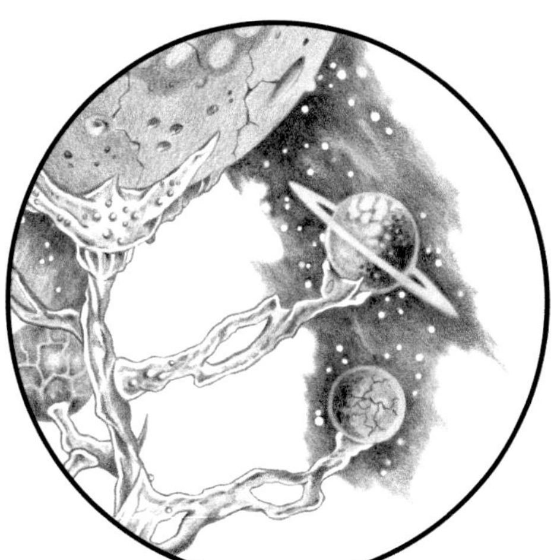

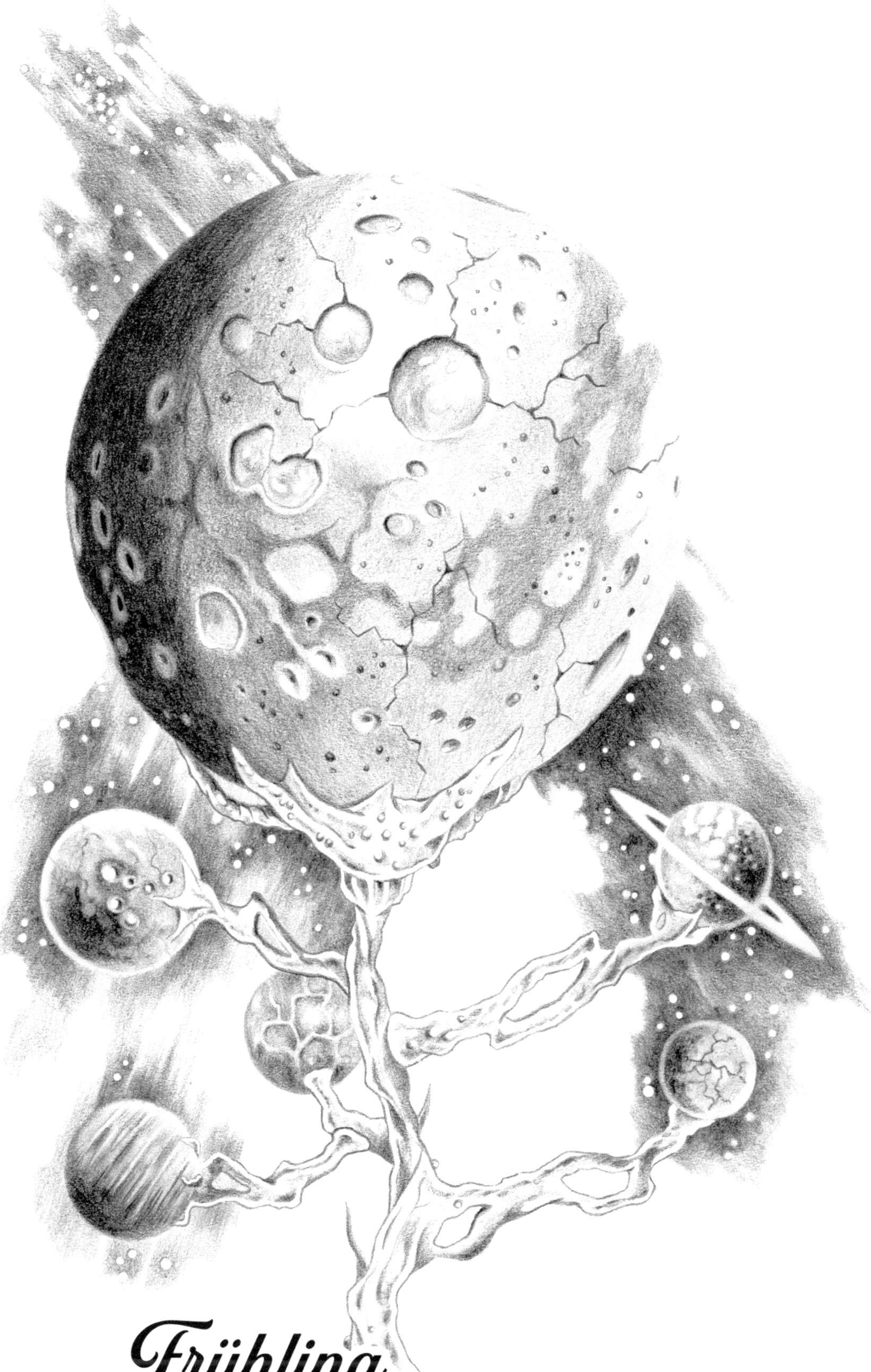

Frühling des Weltraums

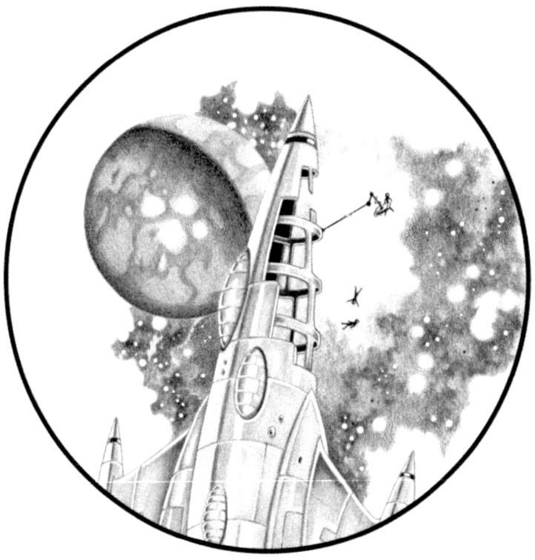

Meilenstein der Zukunft

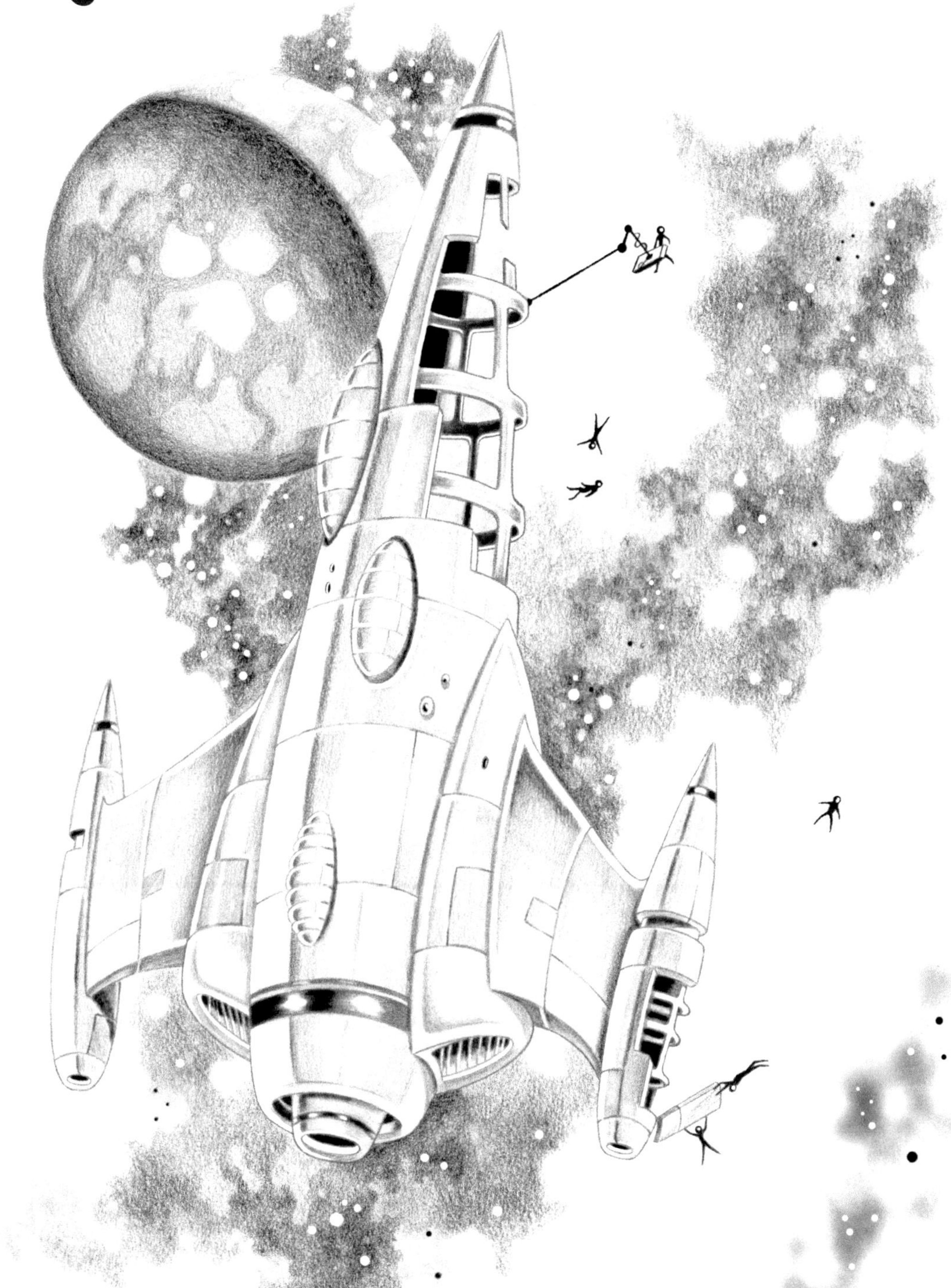

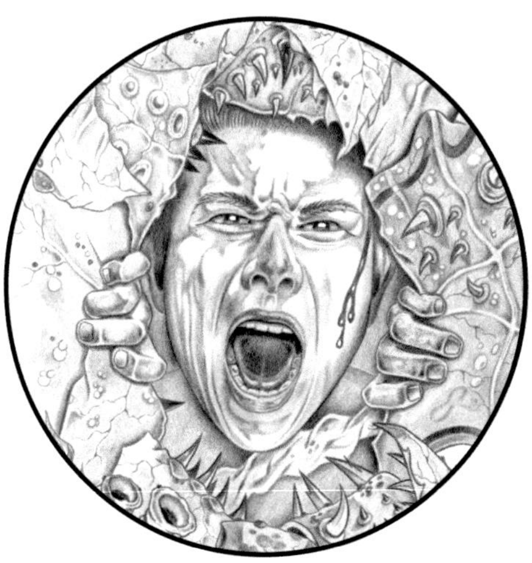

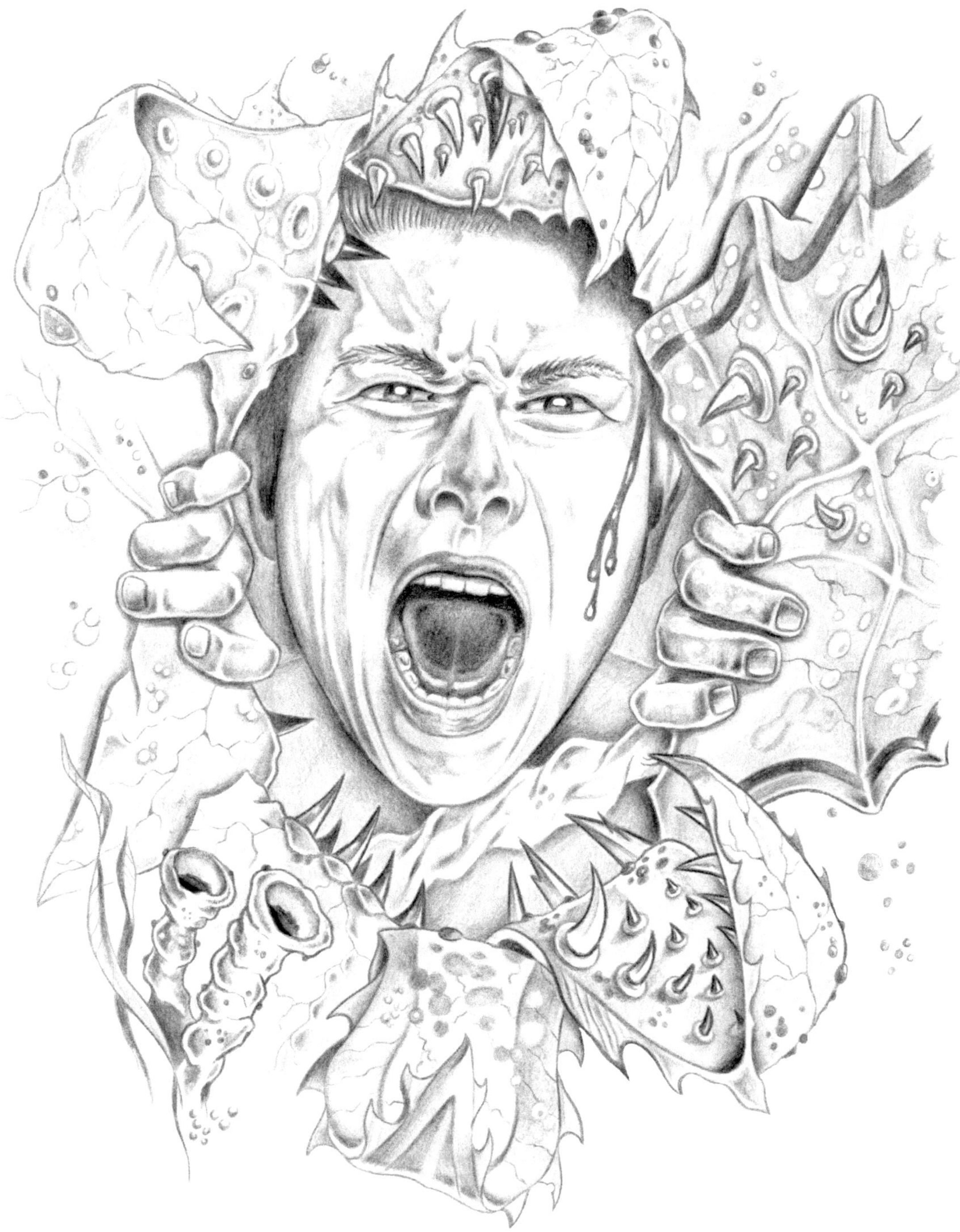

DER HORRORGARTEN VON KARNIVORIS TANTALUS

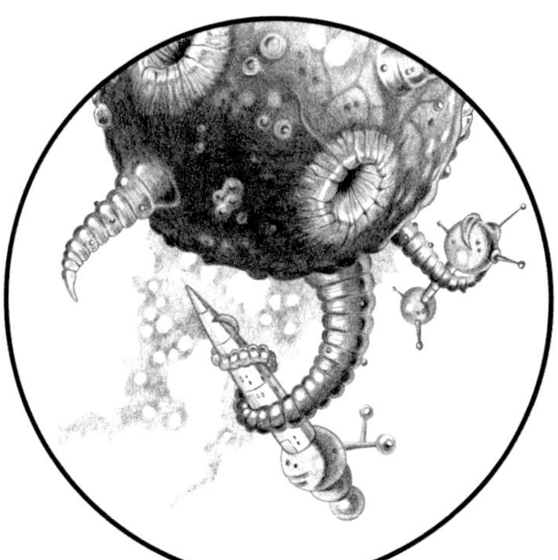

Unbegreifliche Existenzen

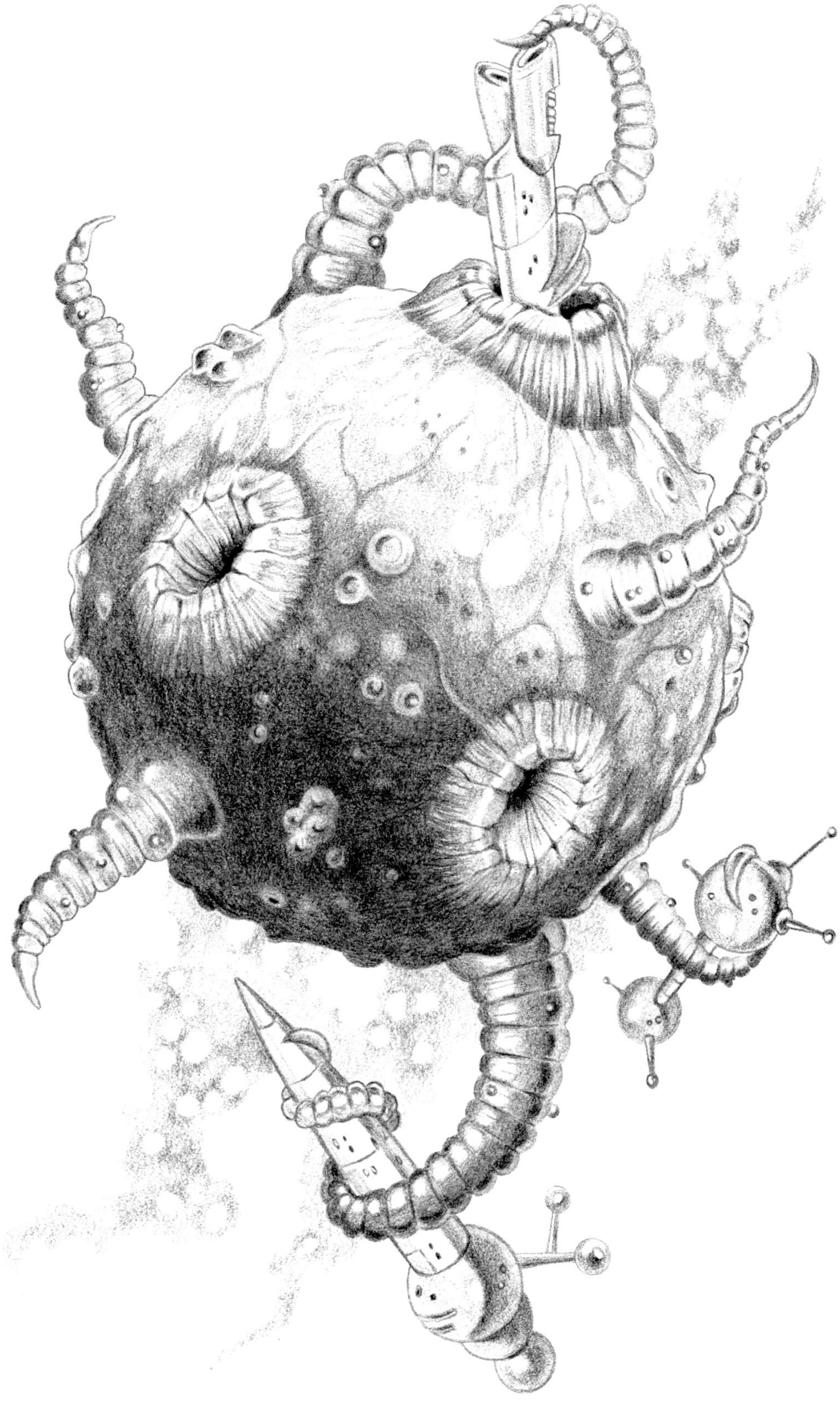

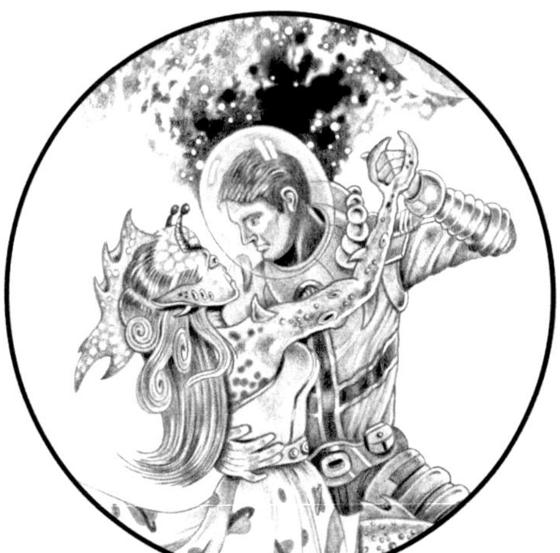

Im 2/4-Takt von Stern zu Stern

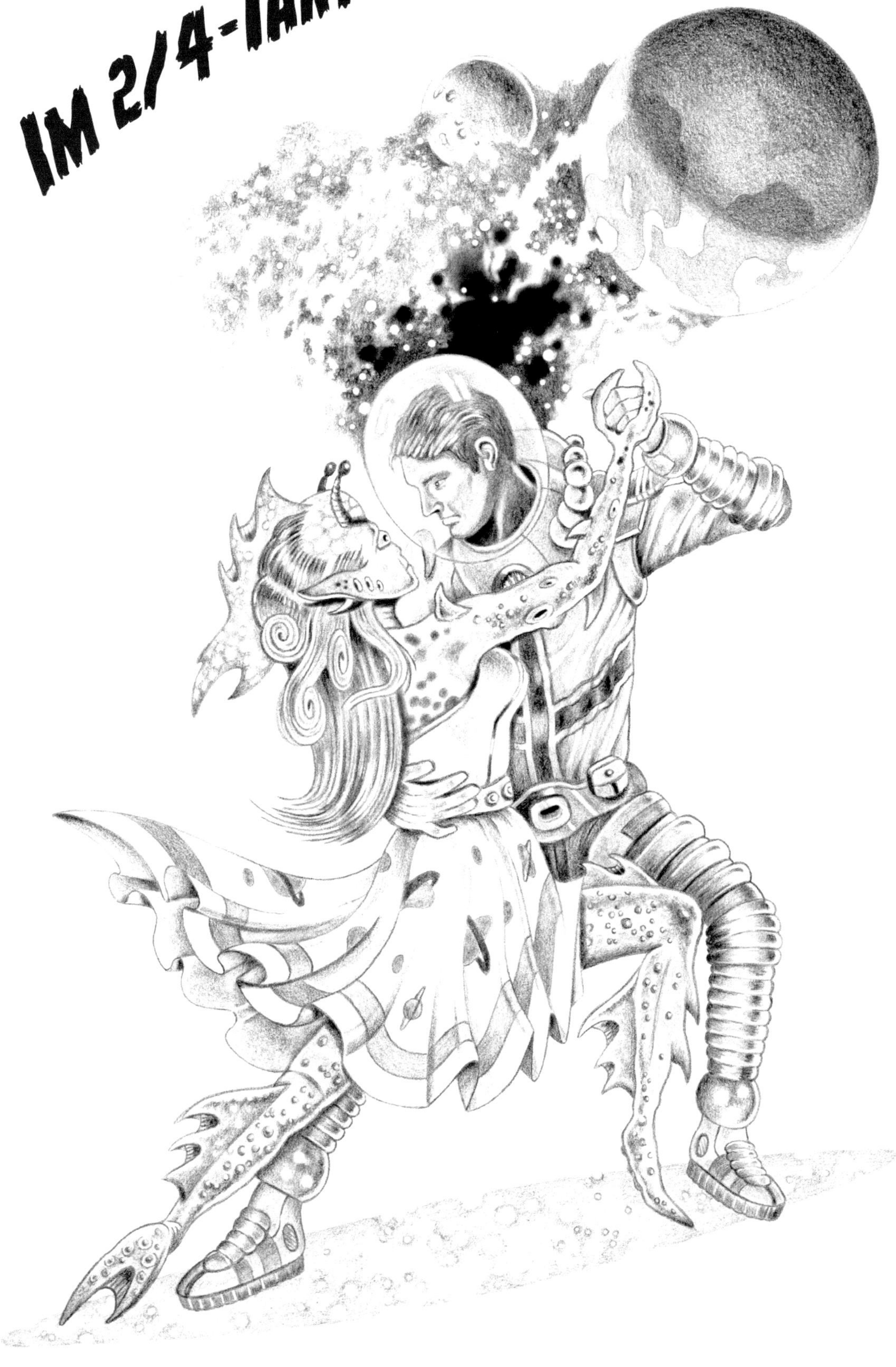

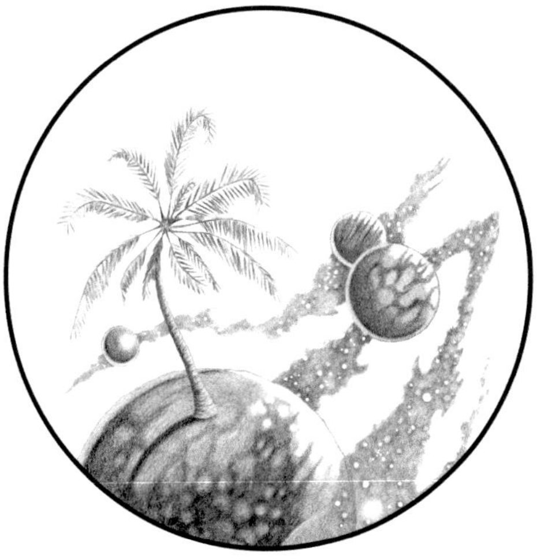

Oase im Kosmos

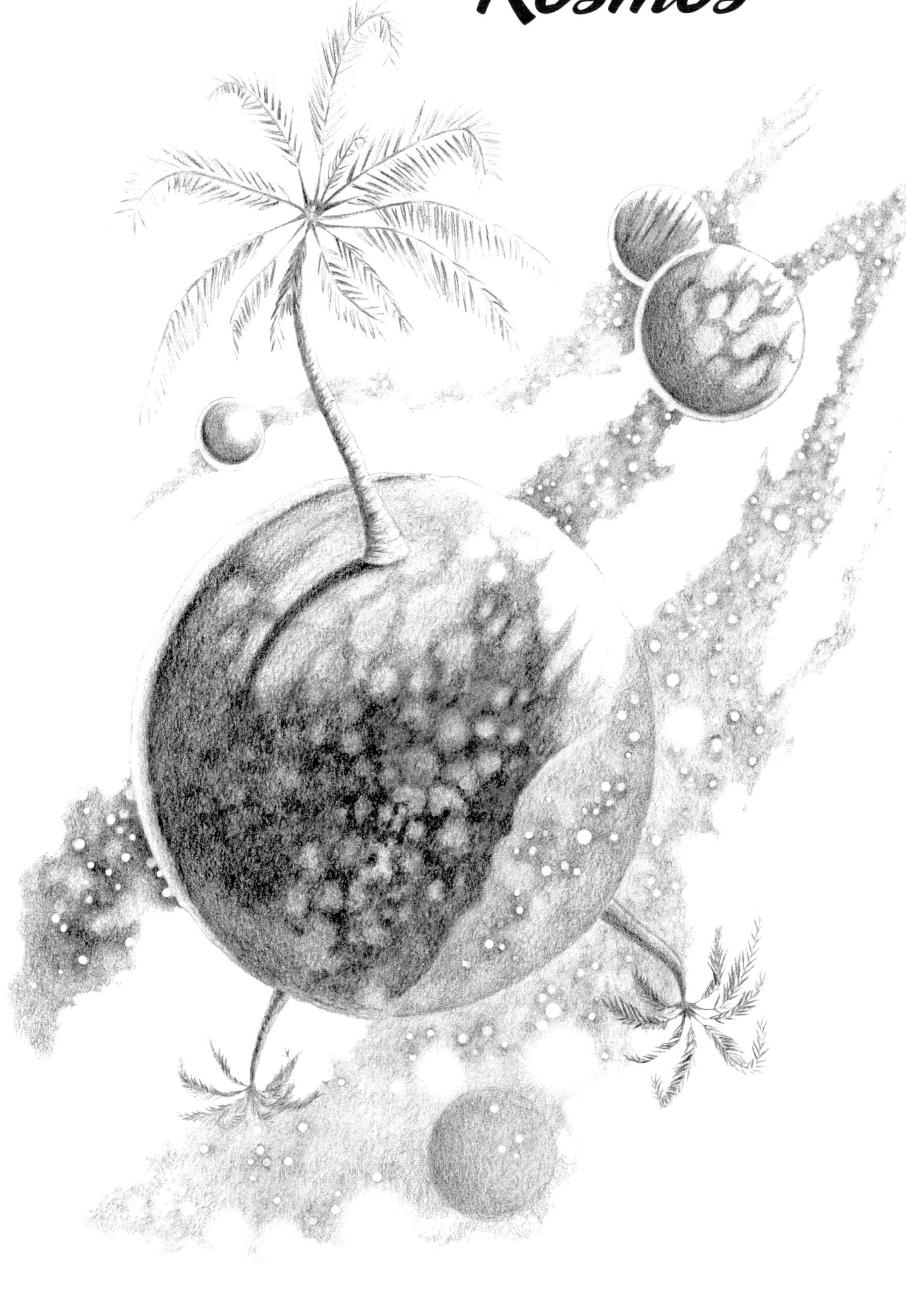

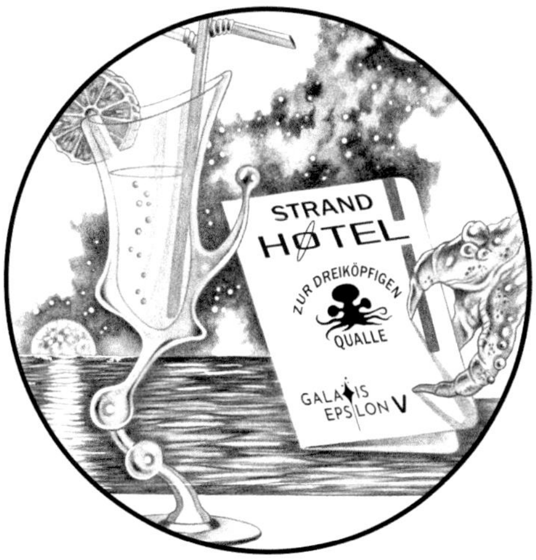
STRAND
HØTEL
ZUR DREIKÖPFIGEN
QUALLE
GALAXIS
EPSILON V

Ferien zwischen den Sternen

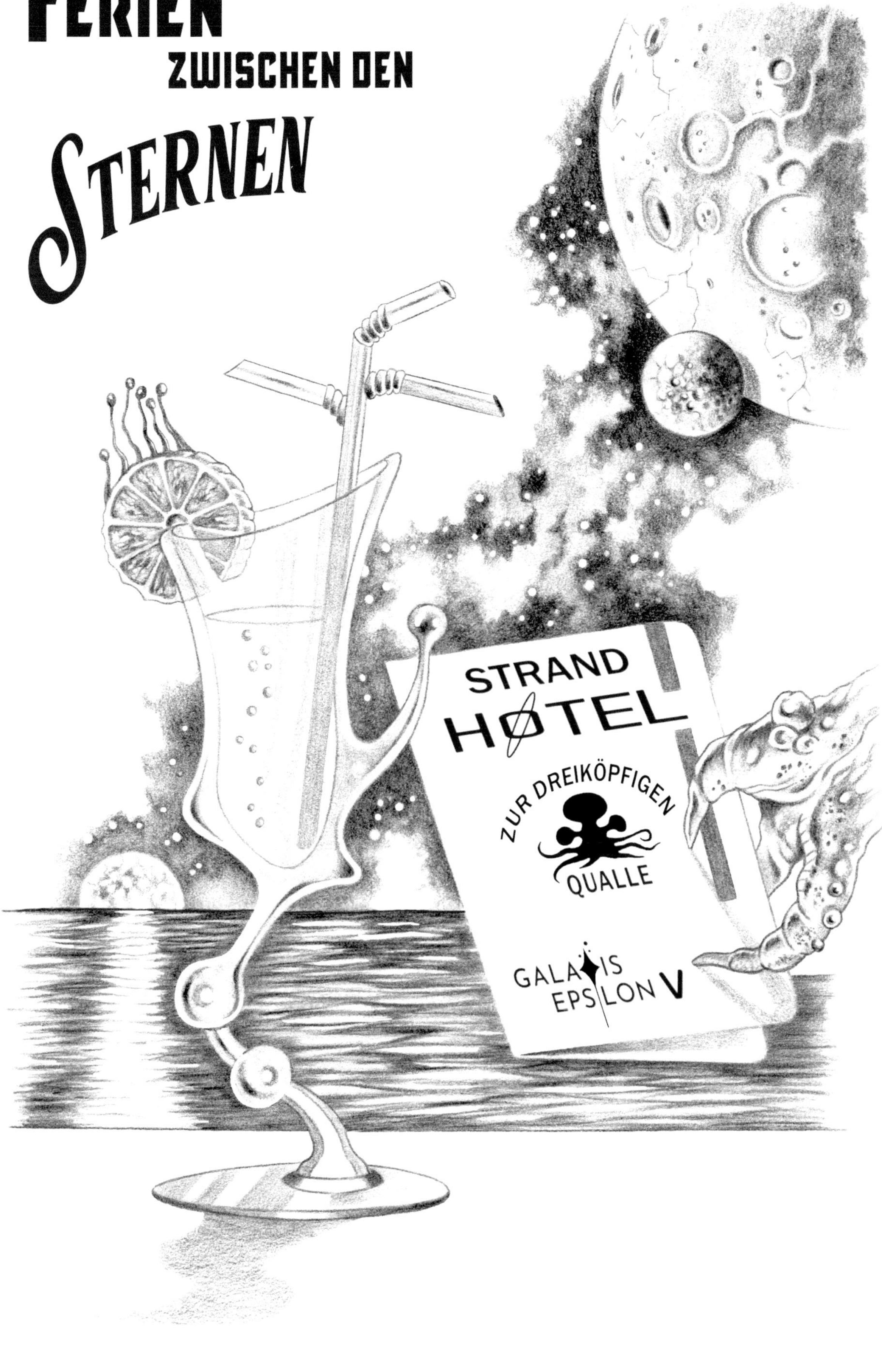

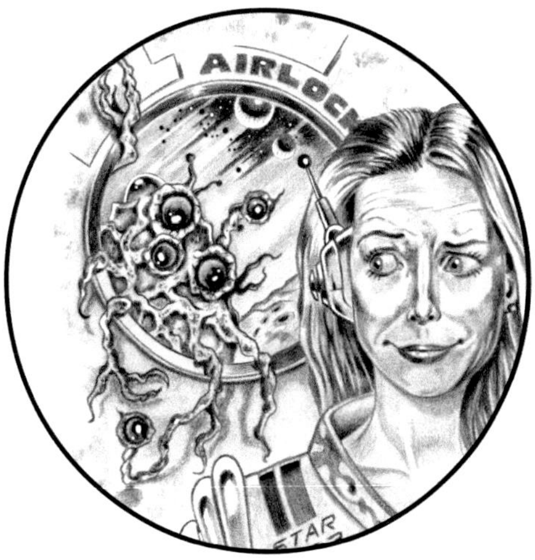
STAR

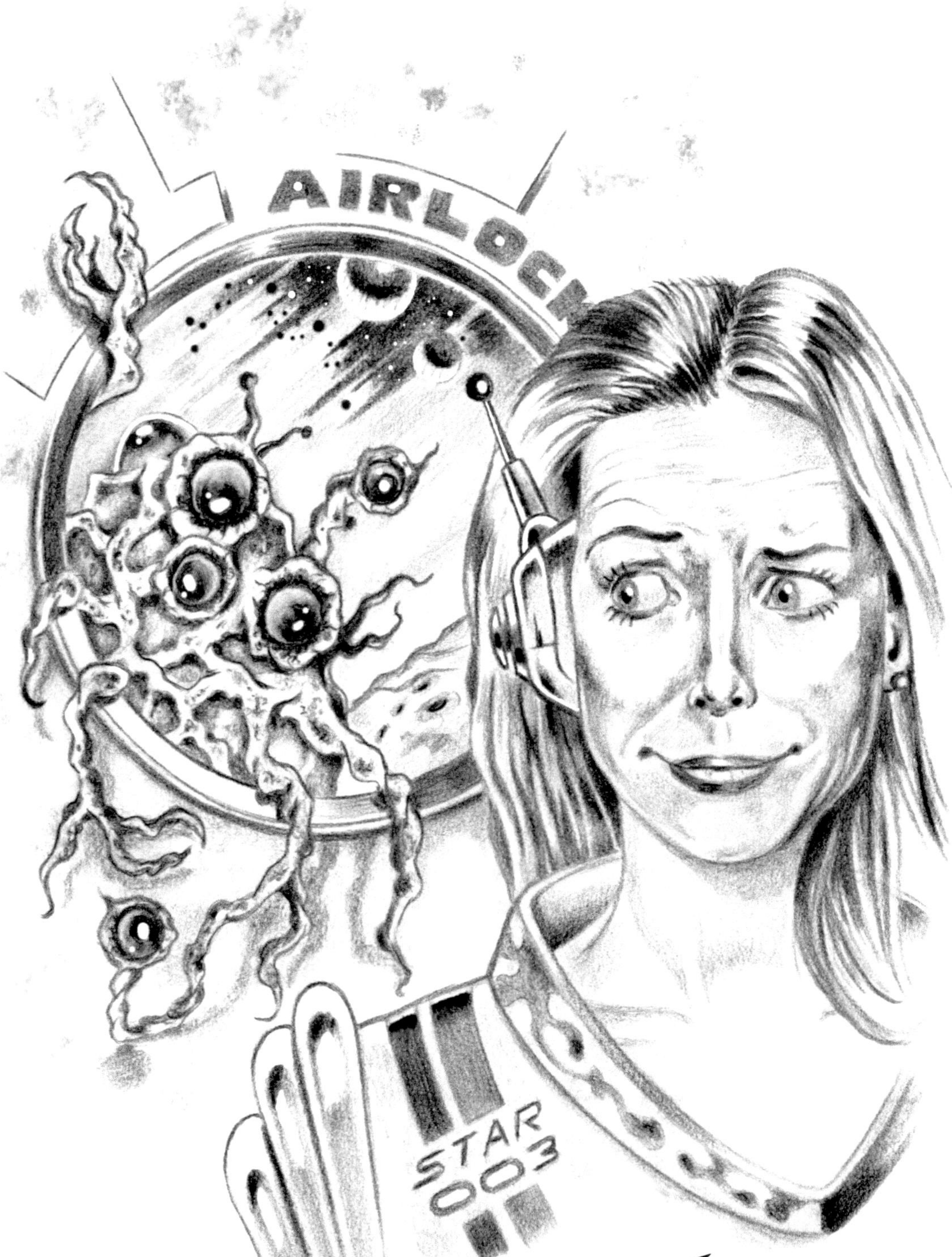

SCHÖNE NEUE WELT

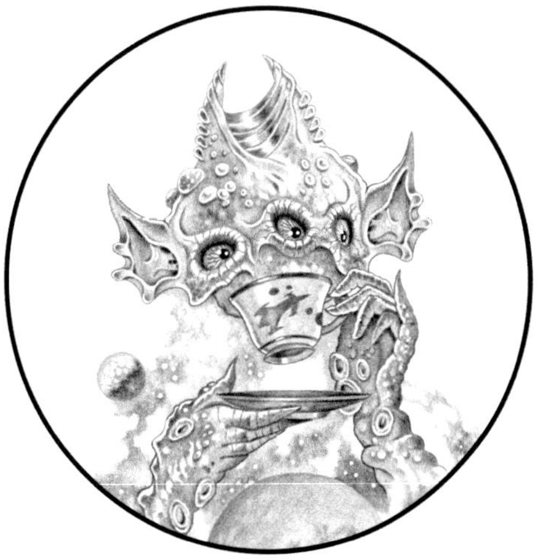

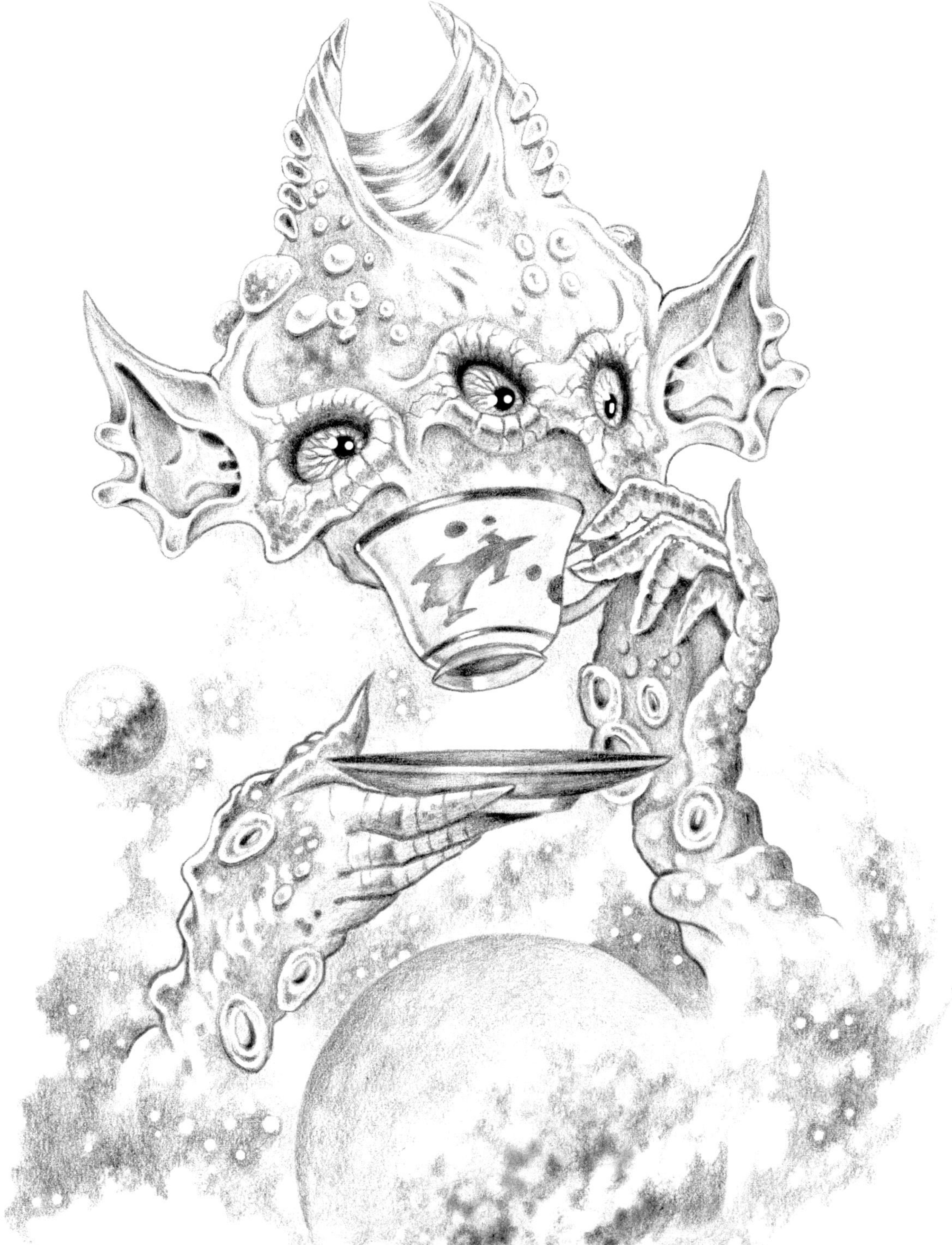

Tea Time
auf
Ceti Majoris

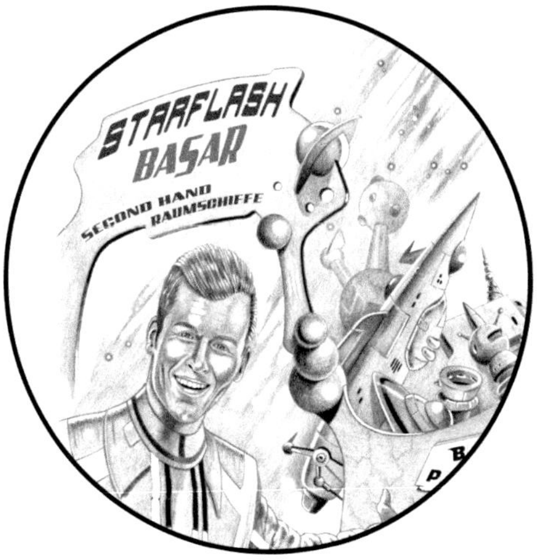
STARFLASH
BASAR
SECOND HAND
RAUMSCHIFFE

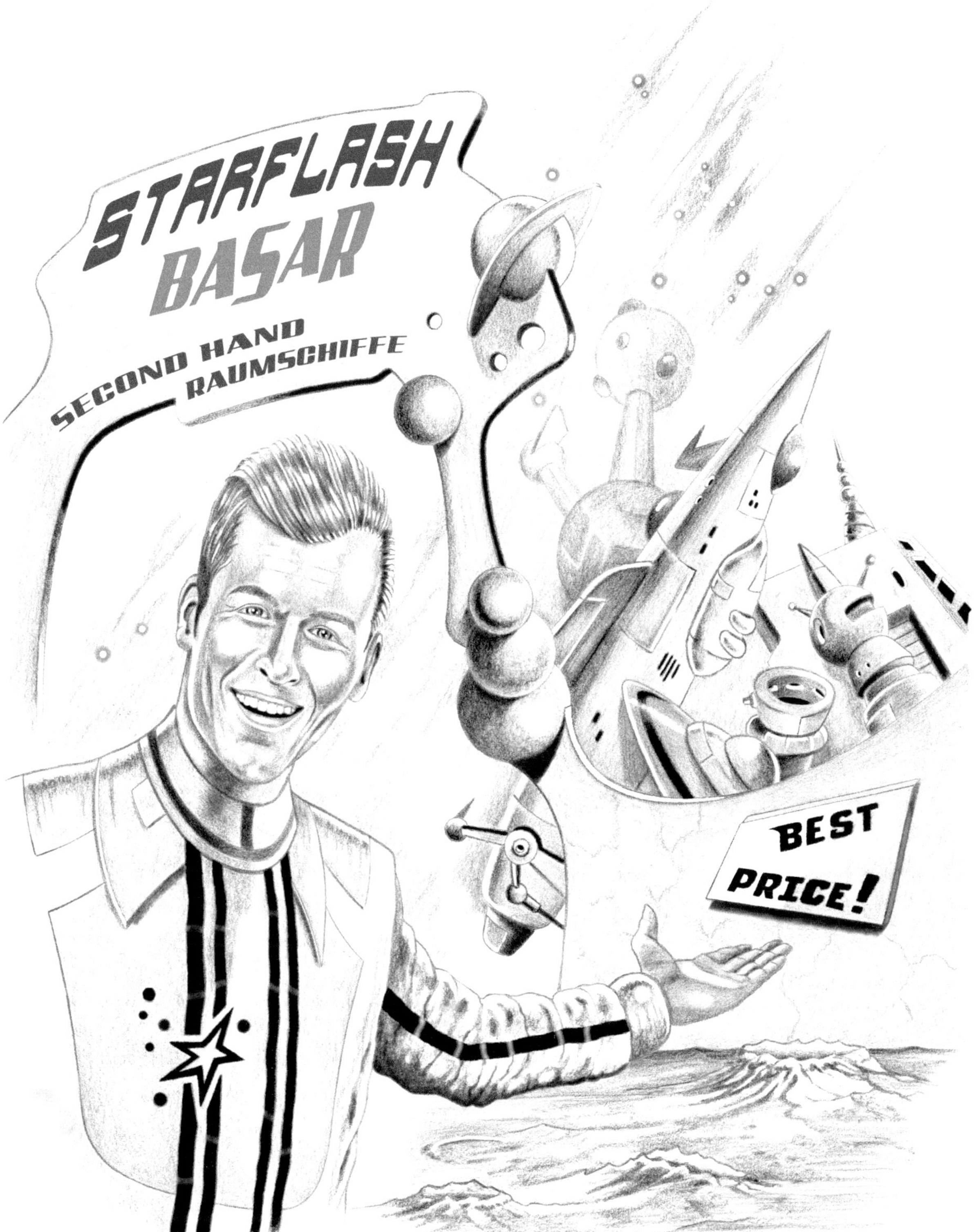
STARFLASH
BASAR
SECOND HAND
RAUMSCHIFFE
BEST
PRICE!

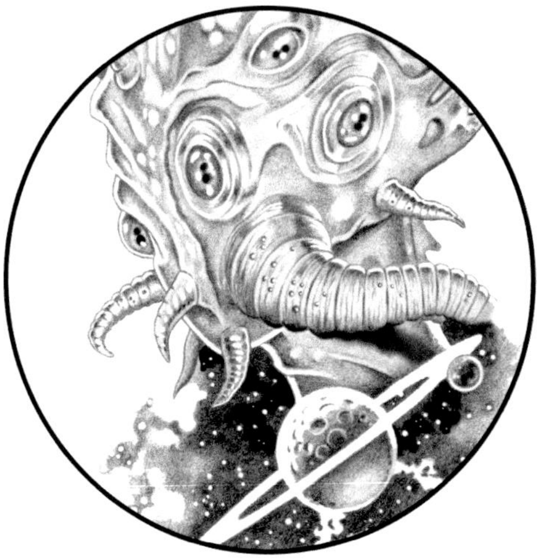

BOTSCHAFTER EINER FREMDEN SONNE

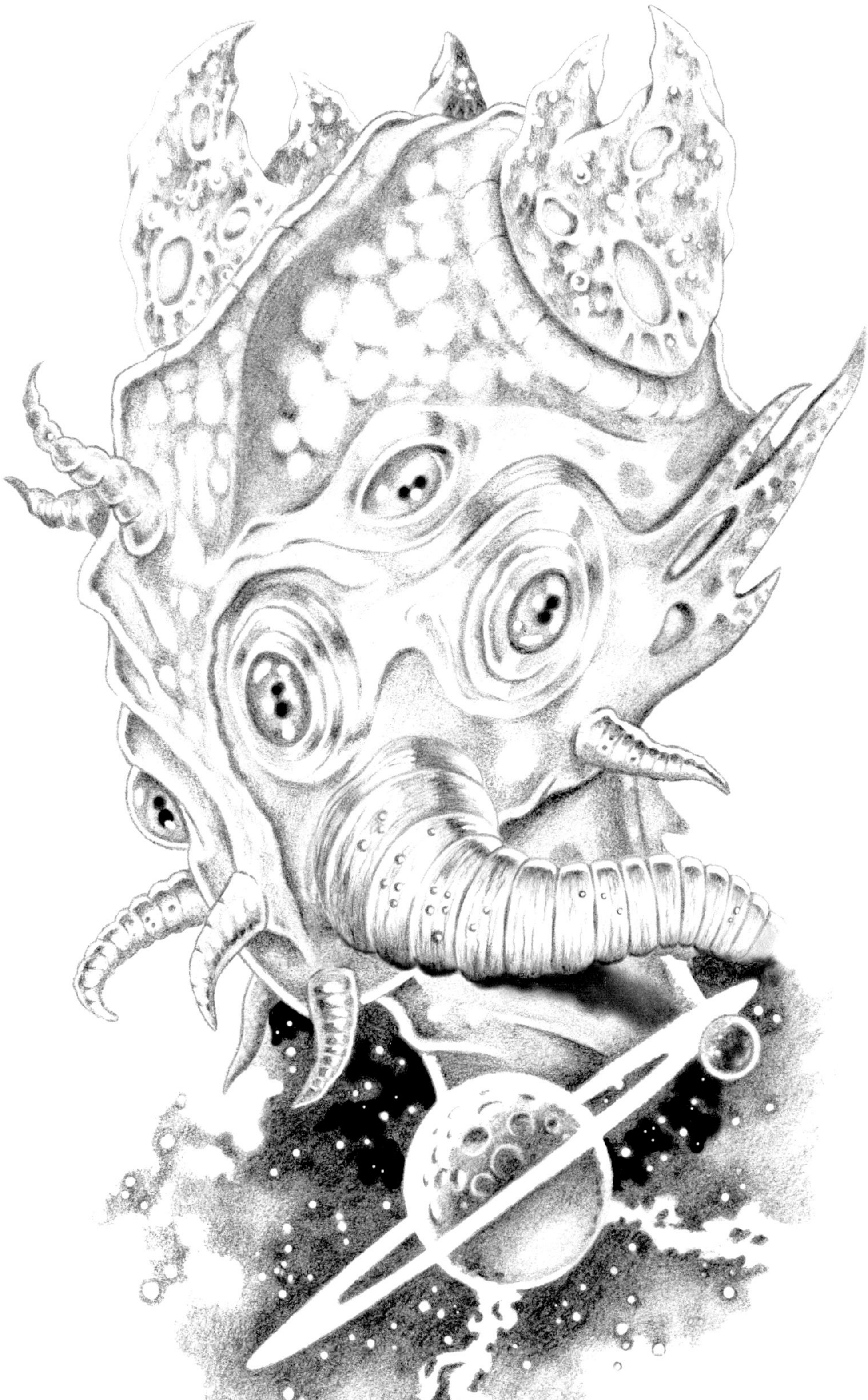

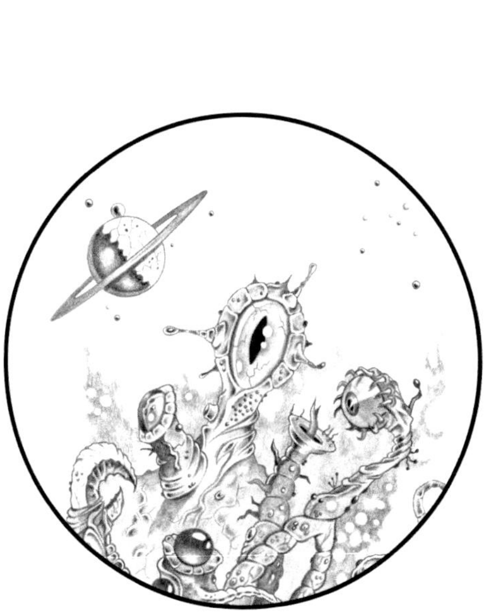

VORSICHT !

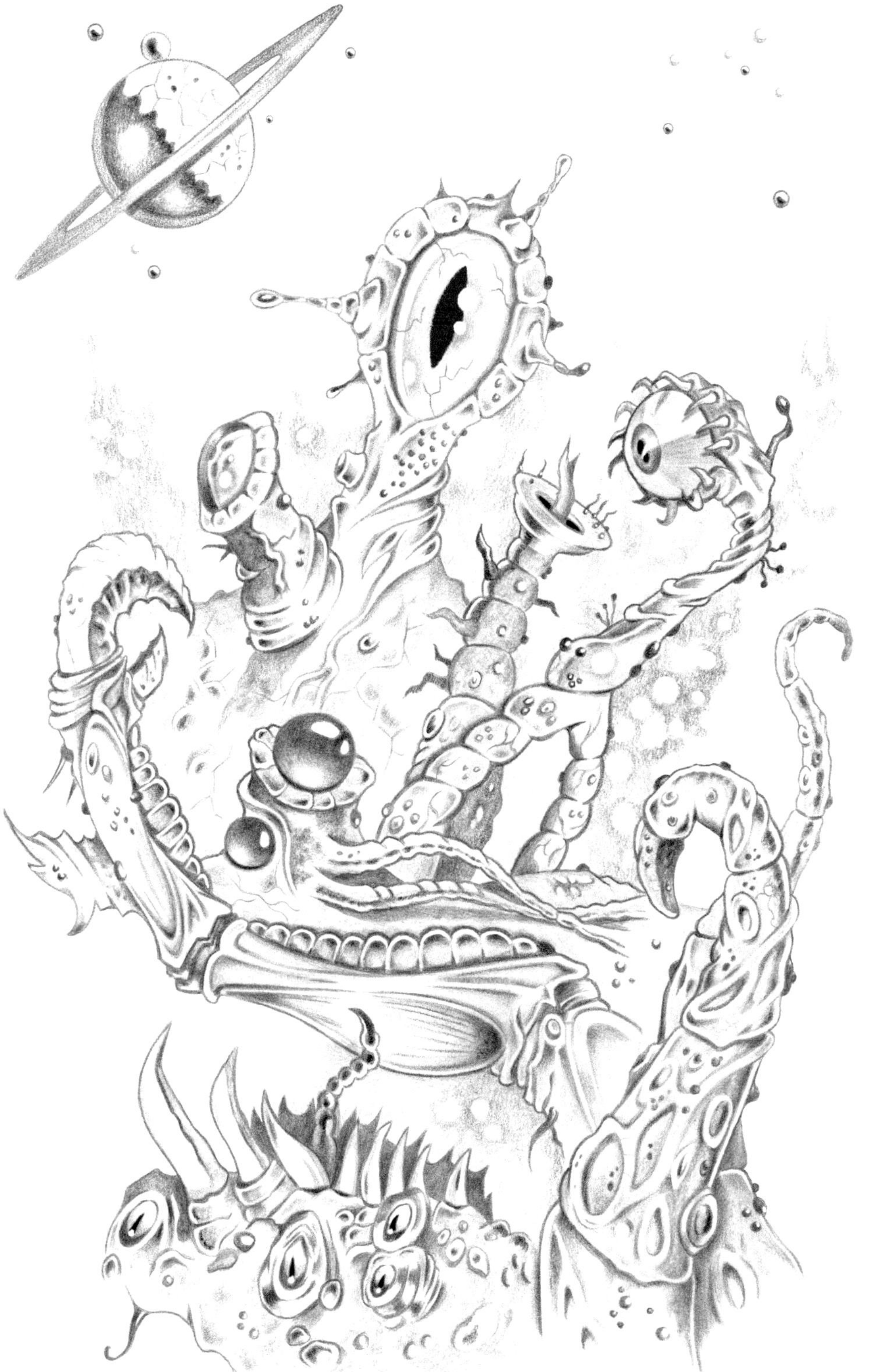

EXOSOLARE ORGANISMEN

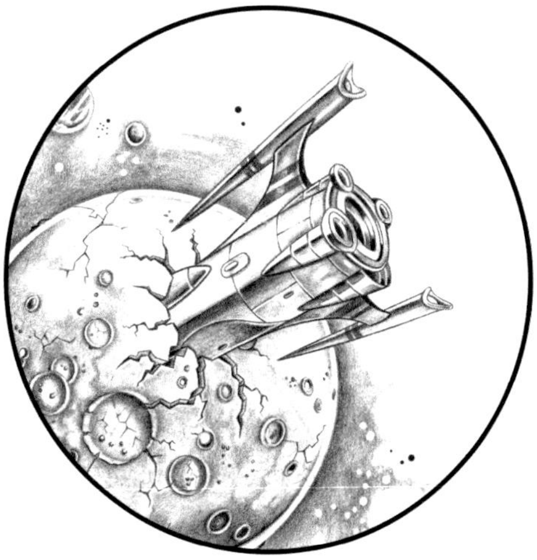

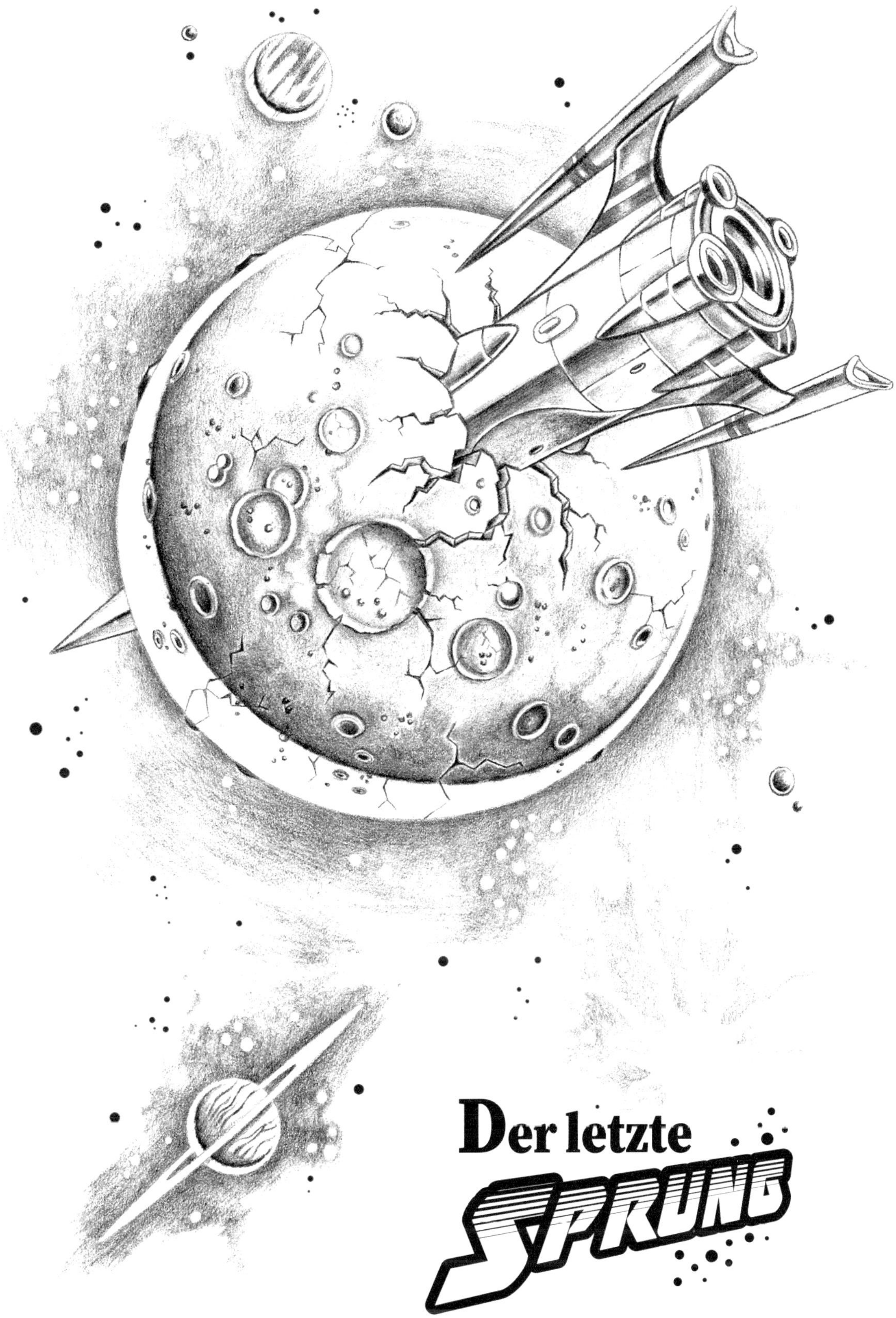

Der letzte SPRUNG

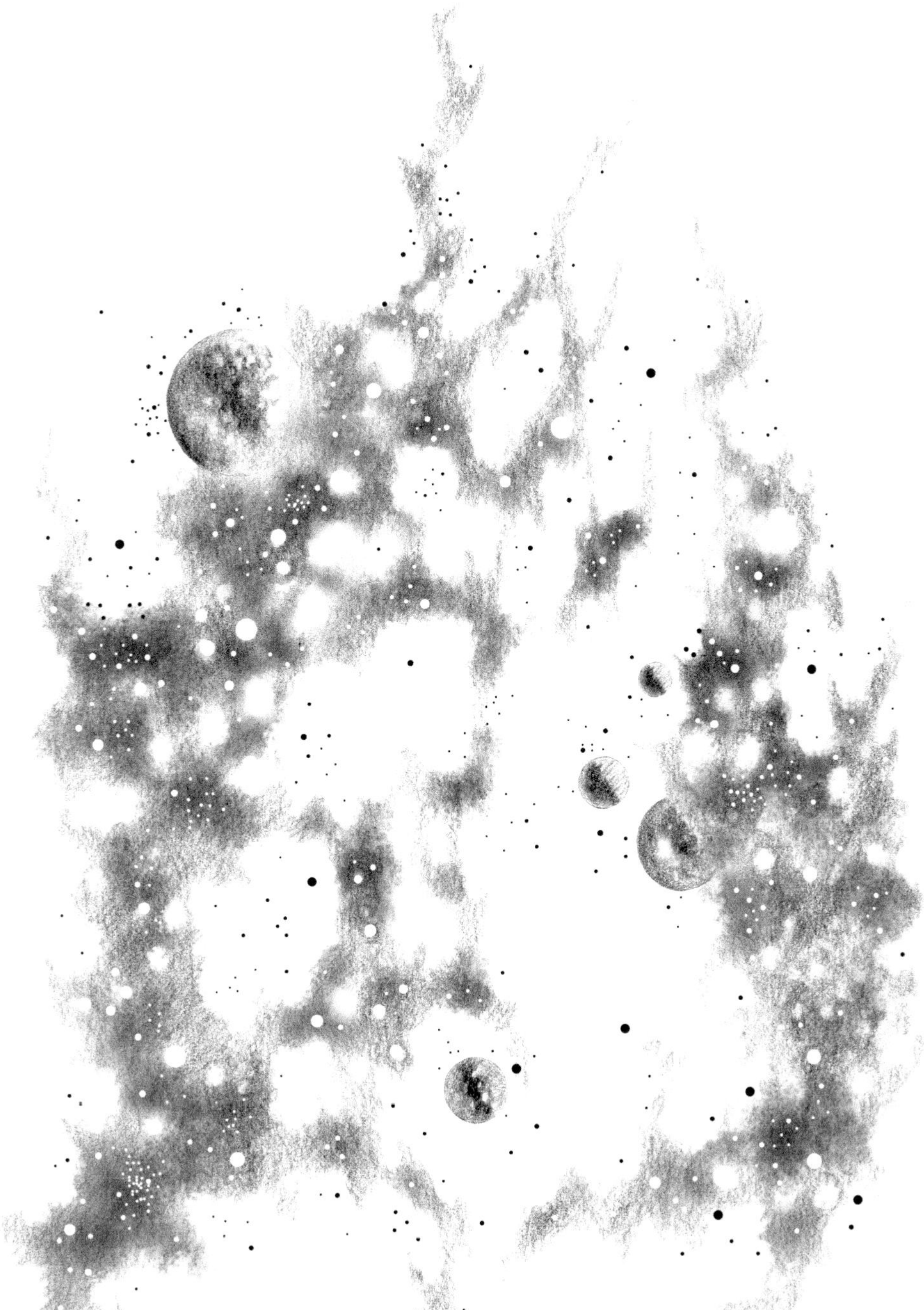